Je suis sortie
de mon corps

KRYSTEL

CAHANIN-CAILLAUD

Je suis sortie de mon corps

TÉMOIGNAGE

J'AI LU

Je dédie ce livre à mon deuxième
miracle, à mes amours :
mes jumeaux Arthur et Loïc ;
et à mon adorable et merveilleux
mari Bruno.

Avertissement

Ce livre est un témoignage autobiographique. Cependant, par souci de discrétion et par respect de la vie privée, la plupart des noms mentionnés sont fictifs.

De plus, certains détails qui auraient permis l'identification des personnes concernées ont été changés.

Prologue

Tout commence lorsque je vois mes amis me chercher sur le bord de la route.

La voiture a disparu.

Ils se relèvent un peu sonnés, mais sans blessures graves.

Les champs s'étendent à perte de vue. Les blés sont dorés, brillent au soleil, et sont si hauts qu'on ne distingue rien.

Tout à coup, des cris.

La maison qui jouxte le champ est en pleine effervescence.

Les thuyas qui la bordent semblent toucher le soleil. Une odeur de barbecue sature l'atmosphère.

Par cette belle journée ensoleillée, l'homme qui habite la maison croit rêver. Un bruit, des coups de freins, une personne qui passe par-dessus sa haie et qui atterrit à deux cents mètres au fond du champ.

Mes amis courent dans tous les sens, m'appellent.

Je vole au-dessus de moi. Je leur fais signe et ils ne me voient pas.

Je sais désormais qu'il y a quelque chose qui cloche.

Ce que je ne sais pas, c'est que je suis morte. Eux non plus ne s'en doutent pas.

Ma vie va changer...

Le jour J

Le ciel est d'un bleu limpide. Pas un nuage ne se profile à l'horizon.

Je sors de la cuisine pour m'installer sur la petite marche devant la porte. J'aime bien m'asseoir ici pour rêver, discuter avec ma mère le soir en rentrant.

Mon regard se porte sur le jardin, dont j'ai une vue d'ensemble, et j'hésite trente secondes à aller me coucher sur l'herbe fraîche à l'ombre du grand peuplier.

Je me prélasse, respirant de bien-être.

Pendant que je réfléchis – j'ai hâte de voir mon petit ami arriver – maman m'observe, le regard empli de fierté.

Elle ne semble pas avoir vu les années défiler. « Ah, ma fille, déjà en terminale, prête à passer le bac, alors qu'il n'y a pas si longtemps, c'était une petite prématurée qui est restée entre la vie et la mort plusieurs mois ! »

Les deux coups de sonnette habituels de Jo se font entendre au portail.

— Tu vas encore sortir ?

— Oui.

— Tu es déjà sortie hier soir ; tu n'es donc jamais fatiguée ? Tu es à huit jours du bac, je ne te vois pas beaucoup réviser !

— Si, je révise. Mais j'aime travailler la nuit et là, j'ai besoin de décompresser !

Je fais un petit signe d'au revoir à maman, saisis ma « clé de château ». Je la nomme ainsi car le portail étant une vieille porte cochère, la clé est aussi longue que ma main.

Je monte dans la voiture et nous nous empressons de rejoindre ses « potes », entassés dans un sous-sol, dont la porte donne sur la rue. J'espère ne pas rester trop longtemps à les regarder fumer des cigarettes et à écouter leurs conversations de garçons…

— Salut tout le monde !

— Salut !

La décision est prise à l'unanimité d'aller se promener aux étangs, à côté de chez nous.

Le petit frère de Jo conduit la voiture de ses parents, accompagné de sa nouvelle copine.

Jo se tourne vers moi.

— Krystel, on monte avec Hector, ça ne sert à rien de prendre deux caisses.

— Si tu veux.

Le voyage est rapide, ponctué de rires joyeux, signe de l'insouciance de nos dix-huit ans.

Nous arrivons aux étangs. Hector gare la voiture à l'ombre d'un grand pin.

Il fait si chaud que mon tee-shirt noir, échancré, qui laisse normalement passer l'air, se colle sur moi comme une deuxième peau.

Nous commençons à marcher. Plus bas, sur le côté, se trouve la mini-plage aménagée. Elle retient mon attention tant il y a de monde sur si peu de mètres carrés ! L'eau semble stagner. Je me dis qu'elle ne doit jamais être nettoyée, car elle est bien poisseuse.

Des enfants courent dans tous les sens ; leurs petits pieds déjà bronzés foulent le sable chaud. Ils slalomant entre les gens, tentant de garder l'équilibre pour finir leur course au bord de l'eau.

Tout à coup, des cris provenant du petit ponton au-dessus de l'eau me font lever les yeux.

En quelques secondes, une foule de gens s'est déjà amassée !

Ça crie et ça bouge de part et d'autre du ponton, c'est l'affolement général.

Je ne comprends pas trop ce qui se passe, jusqu'à ce que je voie une femme qui crie de façon hystérique : son fils a sauté, et il n'a que deux ans.

Sa détresse me fait mal au ventre.

Je n'ai pas le temps d'y penser que déjà je vois un groupe d'hommes plonger, puis Jo (qui est pompier volontaire) et deux de ses amis font les premiers soins et le bouche-à-bouche au petit garçon sorti de l'eau.

Son petit corps, si blanc, s'agite de soubresauts.

Tout à coup, il ouvre les yeux, relève la tête et crie un « mam… an » interrompu par un filet d'eau sorti de sa bouche.

Il pleure.

Il est sauvé.

Le médecin appelé quelques minutes plus tôt arrive déjà.

Le petit noyé est sorti d'affaire. La foule se dissipe.

Les garçons nous rejoignent et nous continuons notre balade au soleil.

Il fait si chaud, ce lundi 8 juin 1992.

L'accident

Il est bientôt 17 h 30, il est temps de rentrer. Après tout le bac est vraiment dans une semaine...

Je suis bien avec mes amis et Jo, là, libre de fumer au grand jour, de faire ce que je veux. Et pourtant, je m'ennuie !

Nous voilà arrivés devant nos voitures. Jo monte devant avec Hector, qui conduit, puis Stéphane, le cousin de Jo, ouvre la portière. Je me faufile au milieu du siège tandis que Zoé, la copine d'Hector, et Stéphane prennent place à côté de moi.

Toutes fenêtres ouvertes, le son de la musique au maximum, nous voilà partis sur les chapeaux de roues.

Hector fonce, comme beaucoup de jeunes qui se sentent puissants au volant de leur voiture.

La moto d'un autre ami, montée en duo, nous talonne.

Qui, de la voiture ou de la moto, ira le plus vite ?

Je vois à peine le paysage défiler, le vent s'engouffre dans l'habitacle, faisant voler ma chevelure devant mon visage.

D'ailleurs, on avance si vite que je vois déjà les champs annonçant notre arrivée dans le village où nous habitons.

Je sermonne Hector en riant :

— Arrête, tu vas nous tuer !

Puis plus rien...

La voiture rate le virage : elle bute sur le talus.

Les deux passagers avant et deux de l'arrière sont éjectés par les portières qui s'ouvrent sous l'effet du choc.

Eux, ils retombent presque sur leurs fesses avec quelques blessures légères. Rien de vital.

Moi, je ne réalise pas ce qui se passe. Je n'ai pas le temps d'avoir peur.

Puis, la voiture se met à faire des tonneaux et va finir sa course folle au fond du champ, où elle s'empale au milieu des épis de blé...

Heureusement, pendant le dernier tonneau, je suis éjectée à mon tour.

Mon crâne fracasse la vitre arrière et je suis enfin libérée de ce tombeau de ferraille mécanique.

Les autres ne voient même pas la voiture.

Tout se passe si vite.

Seulement quelques secondes et, hébétés, ils ne comprennent pas : la voiture a disparu.

Ils sont très loin de s'imaginer qu'elle est partie s'écraser ailleurs. Elle s'est recroquevillée pour atteindre la moitié de sa taille.

Mais où suis-je passée ?

Un homme est dans son jardin qui borde le champ où s'est déroulé cet abominable accident. Il remet des brindilles dans son barbecue au bord de sa haie, afin de ne pas perdre les braises qui ont servi à faire cuire le déjeuner. Il fait si chaud qu'il espère encore dîner dehors ce soir.

Quand, tout à coup, c'est le vacarme.

Il lève les yeux vers le ciel : est-ce l'orage qui fait son apparition pour rafraîchir l'atmosphère ?

Mais non, ce sont des cris et des bruits de ferraille !

Il croit tout d'abord rêver, puis se rend compte qu'il voit bien quelqu'un passer par-dessus ses thuyas, si hauts, et atterrir comme un « sac de patates », deux cents mètres plus loin, au fond du champ.

Il court… Il court si vite qu'il en a le souffle coupé.

Non pas vers la personne, mais vers le téléphone ! Il faut vite appeler les pompiers.

Cette personne au bout du champ, c'est moi.

J'entends qu'on m'appelle.

Je ne peux pas leur répondre.

Alors dans un effort démesuré, je me lève et je vais vers eux.

— Je suis là, je suis là…

Mais que se passe-t-il ? Ils ne me voient pas ?

Sensation étrange tout à coup : je m'aperçois.

Je ne comprends pas tout de suite. Je m'observe. J'ai le même tee-shirt noir, ma longue jupe bordeaux à petits boutons, mais je me sens différente.

Je vole au-dessus de mon corps et j'observe : à terre, je suis un corps complètement disloqué, recouvert de sang, le visage souillé, et je dors.

Mais moi, je vais bien ! Je n'ai pas une égratignure et ma jupe n'est même pas déchirée !

Je me vois deux fois. Effet relativement surprenant, mais je ne m'étonne pas et continue à aller chercher les autres et à leur dire :

— Mais enfin, venez, je suis là !

Alors, je commence à comprendre.

Pourquoi ne me répondent-ils pas ?

Parce que je suis morte !

Mais je n'ai pas peur car je n'y crois pas !

Au bout de quelques minutes, Jo finit par me trouver. Il tente les premiers gestes afin de me réanimer.

Il pose délicatement ses mains sur mon corps ensanglanté et me fait un massage cardiaque.

Mon cœur rebat, grâce à lui, mais je ne respire toujours pas. Mon cerveau n'a plus d'oxygène alors que les pompiers viennent d'être prévenus…

L'angoisse de la vérité

Pendant ce temps, Marie-Aurore, ma petite sœur de seize ans, et Jean-Marie, mon petit frère de sept ans, sont en train d'aider mon père à faire la terrasse devant la porte de la cuisine.

Ils choisissent avec soin les dalles. Ils sont contents d'aider mon père dans ce travail minutieux, même si celui-ci les réprimande gentiment en leur disant sans arrêt :

— Attention, le ciment sèche vite, ne faites pas n'importe quoi !

Marie-Aurore a l'impression qu'une lourde responsabilité pèse sur ses épaules.

Tout à coup, mes parents entendent les sirènes des pompiers. Mon père, avec un sixième sens, dit :

— C'est Krystel.

Chaque fois qu'un de leurs enfants est absent, cela leur fait battre le cœur…

Puis les minutes passent, rien ne se produit, ils n'y pensent plus.

Quelques secondes à peine s'écoulent avant que le téléphone ne sonne !

La mère de Jo, qui est déjà sur les lieux (elle habite à cinquante mètres), préfère prévenir mes parents elle-même plutôt que les pompiers ne le fassent.

Ne sachant pas l'extrême gravité de mon état, mais se doutant que je suis loin d'être indemne, elle ne veut pas que mes parents s'affolent trop, surtout qu'elle connaît les problèmes cardiaques de mon père.

— Allô ?

— Madame Caillaud ?...

— Oui. Elle-même.

— Les jeunes ont eu un accident, venez vite, c'est à cinquante mètres de chez moi.

— Krystel ? demande ma mère avec une angoisse dans la voix. C'est grave ?

— Non, rien de grave, mais venez vite !

Maman prend son sac à main, papa les clés de voiture, et ils courent vers le portail. Maman s'adresse à ma petite sœur en partant :

— Marie, occupe-toi de ton petit frère, Krystel a eu un accident, nous allons la chercher.

— C'est grave ?

— Non, non, je t'appelle dès que je l'ai vue.

— Et la terrasse, papa ?

— Ben, tu la finis !

Mon petit frère ne comprend pas tout ce qui se passe et demande à sa grande sœur :

— Ils vont où, papa et maman ?

— Ne t'inquiète pas, ils sont partis chercher Krystel. En attendant, je vais te faire prendre ton bain et te préparer à manger. Viens, on rentre dans la maison, sinon je risque de ne pas entendre quand ils appelleront.

Dans le champ en pleine agitation, on entend les sirènes des camions de pompiers avant de les voir arriver. Eux aussi vont très vite – ils n'ont jamais d'accident ?

Le premier véhicule rouge se gare à la lisière du champ. Deux pompiers en descendent et ne prêtent pas attention aux visages soucieux de l'entourage.

Même le plus petit accident peut paraître dramatique à certaines personnes, alors ils préfèrent prendre eux-mêmes la mesure de la situation.

Ils s'approchent de deux personnes étendues sur le bord de la route, qui sont conscientes et ne semblent pas avoir de lésions trop graves, mis à part une fracture par-ci par-là. Ils voient le conducteur qui est debout auprès d'elles. Il s'avère qu'une des deux personnes est sa petite amie. Lui n'a absolument rien. Les pompiers prennent en charge les deux blessés « légers » pour les transférer à l'hôpital le plus proche.

Puis ils comprennent que ces personnes n'étaient pas seules dans la voiture lorsqu'ils voient un attroupement au fond du champ.

Ils enjambent les épis de blé et se hâtent pour arriver jusqu'à moi.

En arrivant à ma hauteur, ils évacuent tout le monde et commencent à faire un bilan avant même de me toucher, car ils voient tout de suite que je ne respire plus.

Le chef des pompiers appelle alors du renfort : il demande d'urgence un camion du SAMU afin que des médecins spécialisés puissent m'examiner et précise qu'il faudra certainement un hélicoptère, au cas où il y aurait quelque chose à tenter pour me sauver.

Mes parents arrivent.

— Je veux voir ma fille ! dit maman. Laissez-moi passer.

— Allons, madame, elle se repose pendant que nous la soignons, vous la verrez plus tard...

Ce même discours est tenu pendant plusieurs heures.

Au bout de ces heures d'angoisse dans le champ, à attendre devant les camions du SAMU et des pompiers, mes parents se doutent que je n'ai pas juste un bras cassé, malgré ce que leur a dit un pompier :

— Elle s'est cassé le bras. Elle est énervée et ne veut voir personne.

Ça, ce n'est pas du tout ma façon d'être ! Mais on ne sait jamais… C'est tellement dur d'annoncer à des parents que leur enfant est entre la vie et la mort. Mon cœur rebat, suite à l'intervention de mon petit ami, mais je ne respire toujours pas !

Les journalistes arrivent. Par qui ont-ils été informés ? Ils essaient de se frayer un chemin à travers le champ, mais les gendarmes les en empêchent et leur demandent de respecter l'inquiétude des familles. Un des journalistes entend les mots « douleur des parents » et, dans son esprit, tout ce mystère laisse présager la mort d'un des jeunes.

Je fais donc la une d'un journal local le lendemain matin : *Un accident grave avec cinq personnes dont un mort*. Quant à l'autre journaliste, il préfère aller chercher des renseignements fiables auprès de la gendarmerie. Mis à part les noms de certaines personnes un peu erronés, il écrit la vérité : *Cinq blessés dont un grave dans un état critique*.

Cette attente dans le champ commence à devenir suspecte aux yeux de mes parents. Ils essaient vainement de franchir les obstacles en fumant cigarette sur cigarette.

Le médecin du SAMU appelle l'hôpital avec la radio du camion de secours :

— Prévenez le service de réanimation que nous amenons une patiente, sexe féminin, âge dix-huit ans, avec comme premiers signes : hémorragie interne, traumatisme crânien avec coma d'emblée, et abdomen en défense. La patiente est sédatée, intubée et ventilée par voie orotrachéale.

Puis le médecin du SAMU sort du camion et se dirige vers mes parents. Sans chercher à dissimuler son anxiété (mais sans pour autant l'expliquer), il leur adresse enfin la parole :

— Madame, monsieur, nous allons transporter votre fille à l'hôpital, veuillez nous suivre.

Cette attente n'était en fait que la tentative de me maintenir en vie artificielle jusqu'à ce que je sois transportable. L'hélicoptère, lui, ne me laisserait aucune chance de survie.

Avant de partir, maman appelle ma petite sœur :

— Ma puce, c'est maman, nous suivons les pompiers qui emmènent Krystel à l'hôpital. Il faut que tu t'occupes de Jean-Marie, car je ne sais pas quand nous rentrerons avec Krystel, le temps des radios et du reste. Il faut le faire dîner et le coucher.

— Qu'est-ce qu'elle a, Krystel ?

— Je ne sais pas encore... Je ne l'ai pas vue... Ils nous ont dit qu'elle se reposait, qu'elle s'était cassé le bras. Mais ne t'inquiète pas, je t'appelle de l'hôpital !

C'est très dur pour ma mère de mentir à Marie-Aurore pour la rassurer, alors que mes parents ne savent rien et qu'ils en sont encore plus terrorisés.

Les sirènes hurlantes s'entendent dans tout le village, d'autant que la nuit est tombée et que chaque bruit est amplifié par le silence du soir.

Le trajet jusqu'à l'hôpital est rapide, la voiture de mes parents talonne les véhicules d'urgence.

Puis nous arrivons.

Branle-bas de combat devant le sas des urgences.

Mes parents veulent me voir.

— Écoutez, madame, bientôt, c'est promis !

Mais comment éviter à mes parents le spectacle de tout ce sang et de cette enfant endormie qui semble morte ?

Ils ne me sortent pas du véhicule tout de suite. Mais pourquoi ?

Faut-il ou non me transporter en hélicoptère ? Telle est la question que les médecins se posent en me regardant. Ils aimeraient tant pouvoir sauver cette petite jeune…

Non. Il vaut mieux d'abord faire une série d'examens pour voir ce que j'ai exactement !

Des infirmiers arrivent avec un brancard. En moins de cinq minutes, mon corps et tous les appareils qui y sont reliés (perfusions, respirateur artificiel, etc.) sont transportés à l'intérieur de l'hôpital.

Mes parents font une ultime tentative pour m'approcher et les médecins, eux, renouvellent leur refus.

Papa et maman comprennent alors que c'est grave.

Ils arrivent enfin à aborder un médecin qui ne se défile pas comme les autres. C'est un lourd fardeau que d'annoncer à des parents la quasi-mort de leur enfant.

Mes parents l'interrogent :

— Vous allez la transporter en hélicoptère ? Mais qu'est-ce qu'elle a ? Ce n'est pas un bras cassé ?

— Non, elle est intransportable. Vous avez raison, c'est plus grave qu'un bras cassé. Nous vous en dirons plus quand les examens seront terminés.

Et sur ces mots, il s'éclipse.

Tout à coup, des pompiers se dirigent vers mes parents.

— Bonjour, monsieur, madame. Vous êtes les parents de la victi… jeune fille ?

Celui qui parle se reprend à temps.

— Oui.

— Alors je vous remets les bijoux que nous lui avons retirés pour les soins, son sac à main et ses vêtements.

Le pompier leur tend un tee-shirt qui est tout déchiré et plein de sang et les lambeaux de ma belle jupe longue bordeaux. Mes parents sont contents d'avoir récupéré mes effets personnels. De cette façon, ils se sentent plus proches de moi.

— Mais qu'est-ce qui dépasse du sac ?

— Tiens, un paquet de cigarettes ! Notre fille fume...

— Je vois une boîte de médicaments, elle est malade ?

— Non, je le saurais, attends voir... Ce ne sont pas des médicaments, elle prend la pilule !

À dix-huit ans et demi, cela fait deux ans que je suis avec mon petit ami. Ce n'est pas si anormal d'avoir sauté le pas - même si mes parents pensaient que j'arriverais vierge au mariage. Ça, c'est une autre époque. Pour les cigarettes, c'est si facile de se laisser entraîner pour faire la grande avec les copines. Mais bon, je n'en fume qu'une ou deux par jour. Je repoussais ces conversations avec mes parents et maintenant voilà, sujet éludé ! Je ne me ferai pas réprimander !

Mes parents entrent ensuite dans la salle d'attente des urgences. Mon père doit aller voir comment ça se passe à la maison. Il laisse donc ma mère et lui promet de revenir le plus vite possible. Mais, dès qu'il y a du nouveau, elle doit l'appeler.

Après le départ de mon père, ma mère aperçoit un jeune médecin. Elle va le voir immédiatement et lui demande des nouvelles.

— Nous ne pouvons rien vous dire pour l'instant, nous nous occupons d'elle. Ne vous inquiétez pas et buvez un café en attendant...

— La semaine prochaine, c'est son bac philo, elle y tient beaucoup. Elle sera en forme ?

Maman est vraiment choquée et ne comprend pas...

Elle se retrouve seule.

Enfin... seule dans son coin, dans cette sinistre salle d'attente, parce que tous les autres – mes amis et la famille de mon petit copain – sont en train de réconforter celui qui a provoqué l'accident ! Monsieur fait un coup de déprime, il déplore d'avoir roulé si vite ! Alors, c'est sûr, il a plus besoin de réconfort que ma pauvre maman ! Quelle ironie !

Jusqu'à 3 h 30 du matin, cette situation perdure. Puis mon père revient.

Un médecin arrive alors, leur explique brièvement la situation et leur demande de le suivre.

Le coma

Je ne vois plus le soleil, je ne vois plus le champ.

Je ne sais pas où je suis.

Je me retrouve attachée à ce lit. Des sangles vertes entravent mes poignets.

Suis-je prisonnière ? Peut-être…

Je ressens quelque chose qui me gêne dans la gorge, dans le nez…

Je ne sais pas ce que c'est, mais cela m'incommode, voire m'insupporte complètement !

Mais que se passe-t-il donc ?

Et cette douleur lancinante qui irradie chaque parcelle de mon corps !

Les médecins, eux, savent expliquer cette douleur qui m'envahit. En effet, après les différents scanners et examens qu'ils ont pratiqués sur mon corps, on peut lire dans leurs rapports :

« Traumatisme crânien grave, score de Glasgow à 6, coma d'emblée.

Œdème cérébral diffus.

Traumatisme thoracique avec contusion pulmonaire et double pneumothorax nécessitant un drainage thoracique et une ventilation assistée.

Saignement digestif haut.

Nombreuses fractures du bassin (dont branche ischio-pubienne).

Traumatisme facial avec fracture des os propres du nez.

Fractures des côtes.

Encombrement bronchique hémorragique important.

Épanchement liquidien du sinus maxillaire gauche. »

« Mais enfin, personne ne peut me répondre ? Pourquoi suis-je là ? »

Alors, tout à coup, je les vois.

Eux, ces hommes et ces femmes en blanc, qui s'affairent autour de moi.

Je me vois, moi aussi.

Je ne le comprends pas tout de suite, mais je pourrais le deviner.

Mes yeux sont fermés et, si l'on s'approche plus près de moi, on n'entend pas le souffle de ma respiration. En revanche, on voit cette multitude de tuyaux qui sondent mon pauvre petit corps, tout disloqué.

Je les appelle, encore et encore, mais ils ne me répondent pas. Ils ne m'entendent pas.

Je me rends compte que je suis en train de quitter mon corps lorsque j'aperçois le bout d'une corde. Je l'attrape, vite, car j'ai l'impression que si je la lâche, je n'aurai pas de seconde chance.

À ce moment, un médecin entre dans cette chambre d'hôpital. Ma mère, qui le suit, lui demande une nouvelle fois :

— Comment va-t-elle ? Elle pourra passer son bac ?

Maman est en état de choc. Elle ne prend pas la mesure de ce qui se passe, elle occulte la vérité…

Le médecin regarde mon père, répond évasivement à ma mère et leur désigne les machines à café au coin de la salle d'attente.

Il leur bloque l'entrée de ma chambre.

Puis, sous le regard interrogateur de mon père, il dit enfin :

— Je ne veux pas vous mentir. La machine la maintient en vie artificielle. Elle peut nous quitter d'une seconde à l'autre.

Ce médecin tiendra ce discours à mes parents pendant un mois.

Puis il les laisse me voir quelques minutes.

Papa a très mal. Maman se dit que je suis assommée et que je vais me réveiller.

Le lendemain, Marie-Aurore, ma petite sœur, entre dans ma chambre. Au bout de quelques secondes, elle tombe dans les pommes. Ce qu'elle voit lui est insupportable...

En fait, je suis toute gonflée par l'air que l'on fait entrer dans mon corps.

Il y a du sang partout dans mes cheveux.

Mon abdomen se soulève au rythme du ballonnement de la machine.

Ce bruit insoutenable nous montre que la vie n'est retenue que par quelques fils électriques.

Je cesse de les observer un instant pour regarder devant moi.

Je ne comprends décidément pas ce qui se passe. Je suis dans un tunnel, clair, lumineux. Tout au bout, un brouillard. Mais un brouillard blanc, un brouillard de spiritualité, qui s'imprègne de nous dès qu'on s'en approche. Une sorte d'intelligence qui nous donne un rôle, une mission...

Je comprendrai quelques mois plus tard que j'ai quelque chose à apprendre aux autres. La mort ne fait pas mal, au contraire. Un sentiment de bien-être naît à son approche.

Je ne vois personne. Je n'entends pas de bruit. J'observe ce halo lumineux qui m'entoure.

Mais où suis-je ?

Comment est-ce possible ?

Je me pince, non, je ne rêve pas ! Une sensation étrange s'empare de moi : je n'ai pas peur, mais je panique. Je panique, car je ne sais pas ce que je suis censée faire.

Je ne reconnais pas ce lieu, vide de toute vie mais empli de bonté spirituelle. C'est très difficile d'expliquer ce brouillard « magique » avec des mots. Ce ne sont que des sensations qui s'en dégagent, pas des phrases !

Je suis tout au bord de ce tunnel, et je vois la corde. Cette corde qui le traverse de part en part, comme une longue rampe qui s'enfonce vers la brume.

Je tiens l'extrémité de cette corde pour ne pas me laisser entraîner.

J'ai le choix.

Je ne suis pas forcée.

Je sens que c'est dur physiquement de la tenir, et si facile de se laisser aller…

Lorsque je tiens la corde entre mes doigts, mes phalanges blanchissent tant j'y mets de force.

Pourtant, j'ai mal. Tenir la corde signifie demeurer au bord du tunnel. Mais je me rapproche de mon corps, ce qui implique aussi de ressentir la douleur physique.

J'ai mal partout, mais c'est parce que je tire sur la corde pour sortir du tunnel.

Je me sens bien, mais je sais au fond de moi que je dois me méfier.

Lorsque je tire moins sur la corde, je me sens aspirée vers le fond du tunnel et, là, je n'ai plus mal.

C'est quand même tentant !…

D'un autre côté, je m'éloigne encore plus de mon corps, alors je continue à rester sur mes gardes.

Aujourd'hui, mes parents m'apportent une surprise lors de leur visite.

— Bonjour ma chérie.

— ... *Bonjour papa, bonjour maman.*

— Ta copine Melinda nous a prêté une cassette que tu écoutais le mois dernier avec elle.

Je ne sais pas qui a eu la bonne idée de dire à mes parents que, lorsqu'on est dans le coma, on entend tout, mais il a eu raison. Merci. D'ailleurs, tous ceux qui viennent me voir ne savent pas que les secrets et les paroles qu'ils me confient, je les enregistre ! Plus tard, je leur dirai :

— Tu te rappelles quand tu m'as dit ça ?

Maman installe une petite radiocassette qu'elle a rapportée de la maison, y insère la cassette et, tout à coup, le son des guitares métalliques de Nirvana étouffe un peu le bruit des machines. La salle de réa paraît « vivante ».

Le temps passe, et je ne cherche plus à comprendre ni à voir plus clairement ce qui me dépasse. Je tire, je tire sur cette corde pendant des semaines. Je ne la lâche pas.

Des semaines interminables pour les autres, mais qui ne me semblent que quelques jours.

Les autres, ce sont mes parents, mes frères et sœurs, quelques amis, que je vois, que j'entends, à qui je parle, même si j'ai fini par comprendre l'inéluctable : ma voix n'a de répercussion que dans mon monde, et je suis seule à m'entendre ! De même, quand je les touche, ils ne me sentent pas.

Je me vois en salle de réanimation, avec toutes ces machines qui font du vacarme. Un bruit assourdissant qui me vrille les tympans.

Je ne sais pas ce qu'est cette salle, ni ce qu'est ce tunnel.

Je ne sais pas pourquoi je dois faire ce choix de tirer ou non sur la corde.

Le médecin arrive : son visage est fermé, son regard pessimiste. Mes parents le suivent. Puis c'est au tour de ma petite sœur, qui, comme tous les jours, tombe dans les pommes à l'instant où elle m'aperçoit. Pour elle, c'est tellement dur de voir sa grande sœur, son « idole », dans cet état, qu'elle réussit à se protéger de la réalité en tombant évanouie. Malheureusement, cette protection est éphémère...

Mes parents la soutiennent dès que son pied franchit le seuil de la porte. Elle insiste pour venir tous les jours, elle n'attend que ça d'ailleurs, mais ils savent...

À travers ce brouillard blanc, j'ai de plus en plus de mal à entrevoir mon corps, alors je crie :

— Papa, maman, je suis vivante, je vous entends, parlez-moi, je suis si seule, ici...

Et ce même scénario continue des jours, des semaines.

Je sais que si je lâche la corde, je lâche mon corps !

En revanche, je ne sais pas que lorsque je suis dans ce tunnel, j'ai le choix entre la vie et la mort. Je comprends juste que c'est un autre monde où l'on se sent bien.

Un monde où la douleur n'existe plus. Un monde avec un regard bienveillant sur les autres.

Puis arrive le jour de la fête des pères. Le miracle se produit. Mon père, comme tous les jours, vient me voir et me dit :

— Aujourd'hui, c'est la fête des pères, ma chérie, alors je sais que tu penses à moi.

Alors moi, comme cadeau, je décide de lui montrer que je ne suis pas morte, comme semblent toujours le croire les médecins, et je tire fort sur la corde, si fort. J'ai mal, mais je vais tenir car il le faut.

Et là, je lui serre les doigts.

Dès cet instant, mes parents savent qu'un jour je reviendrai.

Les jours passent, les visites de ma famille se multiplient.

Mes parents restent quasiment vingt-quatre heures sur vingt-quatre avec moi.

Puis, un jour, mes efforts sont récompensés.

Voilà, j'arrive enfin au bout de cette maudite corde ! Je rentre enfin complètement dans mon corps. Aïe ! Aïe ! Aïe !

Maintenant, je peux enlever ces tuyaux que j'ai dans le nez, la bouche, sous les bras et la poitrine, et qui me gênent depuis si longtemps.

J'ai beau en faire part aux infirmières depuis de nombreuses semaines, elles n'en tiennent jamais compte. Pourquoi ? Je ne fais pas la différence entre mon corps « en l'air » et celui qui est resté sur le lit…

Tout à coup, des clignotants rouges s'allument de toutes parts. Bip ! Bip ! Bip !

— Appelez vite un médecin !

Tout le service de réanimation est en ébullition.

— Appelez les parents, c'est un miracle ! Elle se réveille ! C'est un miracle !

Maman ne reçoit pas ce coup de téléphone car elle est déjà en route pour l'hôpital avec ma petite sœur.

Elle espère avoir des nouvelles différentes des autres jours, tout en sachant que le discours du médecin sera encore le même.

En arrivant dans le couloir de l'hôpital, elle comprend que quelque chose d'anormal se produit. Elle voit tous les médecins courir en direction de mon box de réa.

Pensant que ma mère est déjà au courant, le chef de service de la réa l'embrasse presque en lui disant :

— C'est du jamais vu ! Qu'elle se soit réveillée seule alors qu'elle était presque morte ! Elle a un courage et une force extraordinaires pour avoir tout arraché, dans la gorge, dans le nez, et les drains sous les bras ! C'est un miracle !

Puis elle entre. Marie-Aurore la suit.

Mes yeux sont grands ouverts, mais je ne vois rien. Je reconnais la voix de ma mère. Mais pas celle de ma petite sœur qui l'accompagne. D'une voix gutturale, je dis :

— C'est qui, elle ?

Le départ

À ma sortie du coma, en plus d'être un légume hémiplégique, je suis atteinte de cécité !

Heureusement, quelques jours plus tard, je retrouve la vue.

J'ai tout oublié. Dans le coma, il y a quelques jours, je me battais, consciente de tout. Et là ? Rien. Le vide.

Un beau matin ensoleillé du mois de juillet, je suis enfin prête.

Après cinq semaines de coma, puis quelques jours de soins dans un service annexe à celui de réanimation, me voici transportable.

Le jour de ma sortie de l'hôpital arrive enfin.

Maman et papa entrent dans ma chambre pour m'annoncer que je vais aller dans un centre de rééducation et de réadaptation fonctionnelle.

— Tu sais, ma chérie, tu vas être bien là-bas. Tu vas tout réapprendre et bientôt, tu pourras revenir à la maison.

— Oui, papa, mais dans combien de jours ?

Je ne parle pas correctement, seuls mes parents me comprennent.

Je n'ai aucune notion de ce qu'est la vie. Je suis comme un bébé qui vient de naître et à qui il faut tout apprendre. Je n'ai pas le réflexe de demander à me voir dans un miroir, par exemple. Cela ne me vient pas plus à l'idée que ça ne viendrait à un nourrisson. Mais le pire de tout est d'avoir perdu la mémoire. Je ne reconnais pas ma famille, je n'ai pas de souvenirs de moi étant « enfant ». Alors je fais comme si c'était vrai : je les appelle « papa » et « maman ». Au fond de moi demeure ce sentiment de panique et d'angoisse devant ce monde inconnu.

J'ai peur... et j'ai mal au ventre tant ma terreur est insupportable.

La notion de temps est la seule chose qui me préoccupe et que je semble comprendre. J'insiste en permanence pour qu'on compte les jours, les heures... Mes parents le font avec beaucoup de patience, comme d'habitude.

Des infirmières entrent dans ma chambre. Leurs yeux sont rougis par les larmes qu'elles ont versées. L'émotion est très forte : comment imaginer que je quitte cet hôpital vivante alors que j'y suis arrivée en état de mort clinique ?

Des ambulanciers arrivent et frappent discrètement à ma porte.

— Bonjour, pouvons-nous entrer ?

— Entrez, dit ma mère. Krystel est ici et vous attend. N'aie pas peur ma chérie, on t'emmène dans une ambulance pour aller au centre de rééducation, mais je viens dans la voiture avec toi.

Les médecins, eux aussi, ont les larmes aux yeux lorsqu'ils voient les ambulanciers me transférer de mon lit sur un brancard.

— Tu nous quittes... Mais on est tellement contents pour toi.

Maman vient en plus de leur faire une surprise qui les a tous touchés. Elle a acheté des dizaines de boîtes de chocolats en forme de cône et elle a construit une pyramide aussi haute qu'elle dans la salle de réa !

Bien évidemment, ce n'est rien comparé à ma vie, mais tout le monde – médecins, infirmières, aides-soignantes, dames de service... – a été si gentil avec elle, essayant tous les jours d'atténuer sa détresse.

L'ambulance est garée juste devant le sas de sortie, de façon à ce que je ne prenne pas froid. Toutes les précautions sont bonnes à prendre, même si nous sommes en été.

Je sens une chaleur étouffante sous cette couverture qui me recouvre jusque sous le menton.

J'ai tellement envie de dormir, aussi...

Puis, après quelques signes d'adieu de mes parents à l'adresse du personnel médical, l'ambulance démarre.

L'angoisse m'étreint, mais les anxiolytiques que les médecins m'ont administrés avant de partir ont vite raison de moi, et je m'endors dans l'ambulance, bercée par la voix de maman.

L'arrivée

Quelques heures plus tard…

Après avoir parcouru quelques dizaines de kilomètres, nous parvenons au centre de rééducation.

Je ne connais pas cet endroit.

L'ambulance s'engage dans l'allée bordée d'une étendue d'herbe bien entretenue. Elle se gare juste devant l'entrée du bâtiment principal.

Un banc est installé près de la porte vitrée pour permettre aux visiteurs de s'asseoir, pendant que les pensionnaires prennent l'air. Eux, ils sont déjà tous assis… dans leur fauteuil roulant.

Dès que l'on entre dans le centre, on remarque un petit bureau d'accueil où se trouve une hôtesse, qui s'approche de nous avec un gentil sourire.

— Monsieur et madame, bonjour !

— Bonjour, nous amenons notre fille, comme prévu.

— Nous l'attendions, l'hôpital nous a appelés pour nous prévenir de votre arrivée imminente. Bonjour, Krystel, tu vas voir, tu vas être très bien avec nous. Nous allons l'emmener dans sa chambre, puis je vous ferai visiter le centre.

Nous entrons à l'intérieur de ce bâtiment multicolore. Chaque couloir a une couleur différente. De cette façon, les pensionnaires qui n'ont pas la capacité de lire les indications portées sur les grandes flèches (accrochées un peu partout) peuvent se repérer.

C'est ainsi que je sais vite que le couloir bleu est celui que je dois emprunter pour rejoindre ma chambre, le vert pour aller en soins de kinésithérapie, le rouge pour manger, le jaune pour la pratique de la psychomotricité et de l'ergothérapie et, enfin, le violet pour les visites chez la psy et chez le médecin.

— Nous lui avons attribué la chambre numéro trois, celle tout au fond du couloir.

Les ambulanciers me transportent donc dans mon lit et prennent rapidement congé.

— Je vais prévenir le docteur X. que vous êtes arrivés.

Maman range mes quelques affaires personnelles dans le placard et s'empresse d'installer des photos de famille sur mon chevet.

— De cette façon, nous serons toujours avec toi !

Ma photo préférée, d'après ce que me dit maman, est celle où nous sommes à table, dans la grande cuisine, mes sœurs, mon frère et mes parents. Ils me regardent tous en riant, car en prenant la photo je leur racontais une anecdote amusante qui m'était arrivée. Je faisais toujours rire tout le monde à la maison !

Le médecin arrive déjà.

— Bonjour, je suis le docteur X. J'ai reçu le dossier médical de l'hôpital. Nous allons faire un examen préliminaire pour voir ce dont est capable votre fille. Je veux me faire une idée de l'étendue des lésions cérébrales et physiques.

Le médecin s'approche alors de mon lit et le tire vers lui.

Je ne peux pas encore me tenir assise dans un fauteuil roulant. Il est donc forcé de m'emmener allongée, dans mon lit, pour aller faire les tests dans son bureau.

Mes parents le suivent. Nous traversons le couloir bleu puis arrivons dans le couloir violet. Entre les deux couloirs, il y a le bureau des infirmières.

— Bonjour, madame, monsieur. Bonjour jeune fille, tu dois être Krystel, bienvenue parmi nous.

Nous entrons ensuite dans un bureau austère, à l'image même du médecin ! Le docteur X. mesure environ deux mètres, il est très costaud aussi. Une grande barbe rousse, camouflant les rides profondes de son visage marqué par la vie, vient modérer son attitude sévère. Sa blouse blanche immaculée, où sont accrochés quelques crayons et son badge de médecin-chef, le fait paraître très professionnel.

Je passe donc quelques tests neurologiques qui se traduisent ainsi : « État d'agitation avec logorrhée importante, hypotonique aux quatre membres, syndrome cérébelleux cinétique sur l'hémicorps gauche... »

Tous ces tests m'épuisent vite. D'ailleurs, je m'endors avant que cela ne soit complètement terminé.

Mes parents me ramènent dans ma chambre avec une infirmière qui nous a tous rejoints pour aider le médecin pendant les tests.

Puis, voyant que je dors profondément, papa et maman s'approchent doucement du lit, me font une bise sur le front avant de s'éclipser avec l'infirmière.

— À tout à l'heure, ma chérie, nous revenons, nous allons visiter le centre.

L'infirmière les emmène alors dans chaque couloir.

— Voici la salle d'ergothérapie et de psychomotricité.

Cette salle ressemble à une classe de maternelle avec des petits bureaux sur lesquels sont posés des crayons de couleur, des gros feutres à pointe large et des grandes feuilles blanches. Beaucoup d'étagères tapissent le fond de la pièce. Sur ces planches spartiates sont entreposés des casiers remplis de formes de toutes sortes (cubes, rectangles, etc.) et, juste à côté, quelques puzzles en bois où l'on doit emboîter différentes formes.

La visite continue, et ils arrivent dans la salle à manger. Une petite pièce où il n'y a que quelques chaises (la plupart des pensionnaires étant en fauteuil roulant). Les tables sont très espacées les unes des autres pour permettre un accès aisé aux fauteuils roulants.

Pour finir, l'infirmière les emmène dans la salle de kiné. Elle est immense. Des tatamis recouvrent les trois quarts du sol. La pièce est très claire. De grandes baies vitrées forment le quatrième mur. Au plafond, de longs néons restent allumés toute la journée.

Tout un côté de la salle est divisé en petits box. Dans chaque box est installée une table médicale sur laquelle sont accrochés divers appareils orthopédiques, sangles, matériels de rééducation, de kinésithérapie – que j'appellerai plus tard des instruments de torture.

Au centre de la pièce, un petit tapis avec des barres parallèles pour se tenir.

Puis une seconde salle, dont la porte est fermée. À travers la vitre, on aperçoit de nombreux bassins qui font office de piscine.

La révélation

Cette première journée au centre de rééducation et réadaptation se poursuit…

Pendant que mes parents visitent le centre, je me suis réveillée…

C'est l'heure du repas, mais je ne peux pas encore le prendre dans la salle prévue à cet effet. J'entends un chariot d'infirmières derrière ma porte.

— Krystel, nous déposons des plateaux pour tes parents sur cette table. Ils nous ont dit qu'ils souhaitaient prendre le premier repas avec toi. Ils ne vont pas tarder.

Je ne réponds pas. En plus, je n'ai rien compris !

J'ai eu une révélation en m'éveillant tout à l'heure : je ne suis pas différente, non. Ce sont eux, tous ces gens, qui ne sont pas comme moi ! OK, je ne suis pas debout comme eux, mais d'ailleurs, c'est quoi « debout » ? Je ne comprends pas bien.

En fait, je ne reconnais personne et je ne me souviens de rien ! Qui suis-je vraiment ?

Mes parents se disent « mes parents ». C'est vrai, ils leur ressemblent physiquement, mais sont trop différents par ailleurs. Pour moi, il y a quelque chose d'étranger en eux.

J'ai tout compris. C'est si simple !

En fait, ce sont des extraterrestres, et je ne suis pas sur ma vraie planète. C'est juste une copie, comme un monde parallèle. Ce qui explique aussi notre différence tant au niveau du langage qu'au niveau physique.

Je regarde la fenêtre et me demande comment je vais pouvoir m'échapper. Je dois me méfier car ils sont très forts. Entre mes vrais parents et les « numéros deux », la différence est presque imperceptible. J'aurais pu me laisser prendre. Ça semble tellement facile pour ces extraterrestres de modifier un corps…

Ces faux médecins m'ont endormi le cerveau pour que je n'arrive plus à penser, que je ne comprenne pas tout de suite ce qu'est le fait de manger ou de dormir, pour que je bave même lorsque je ne parle pas. Ils ont aussi endormi mes jambes pour que je ne me sauve pas, pour que je ne retourne pas sur ma planète, mais pourquoi ?

Je cherche à bouger dans mon lit, sentant monter une angoisse qui me serre la poitrine. Je n'y parviens pas. Ils m'ont endormi les jambes pour que je sois vraiment à leur merci.

Je veux attraper la photo sur mon chevet. La photo de ma vraie famille. Je veux la garder sur moi pour les reconnaître quand je les verrai. Mais je n'y parviens pas non plus : mon bras gauche aussi est endormi, et je suis gauchère !

Mais ils ne m'auront pas, je vais bien trouver une solution et me sauver.

Toute cette agitation m'a épuisée et je dors lorsque mes parents entrent dans la chambre.

Maman me réveille :

— Ma puce, je vais te faire manger. Tu vas voir, c'est très bon. Papa et maman mangent la même chose que toi.

Il ne faut surtout pas que je me rebelle. Pas maintenant.

Ils ne doivent pas savoir que j'ai compris, sinon ils vont le dire aux médecins !

Pendant que je me fais cette réflexion, je regarde les yeux de ma mère, puis ceux de mon père. Ils sont emplis d'amour et de bonté. Non, eux, ce ne sont pas mes ennemis... Ils ont dû être forcés de faire ça !

Dès l'instant où je lis cet amour dans leurs yeux, je sais désormais qu'ils vont m'aider.

— Allez ma puce, il faut manger, ça va être froid.

Mon père met un oreiller sous ma tête après m'avoir redressée. J'entrouvre les lèvres, et maman porte de la nourriture à ma bouche. Je mâche un peu avant de déglutir, mais je n'ai pas vraiment de goût. En fait, je ne reconnais tout simplement pas le goût des aliments. Mon palais doit se réhabituer : cela fait près de deux mois que ce sont des sondes qui me nourrissent.

Le repas terminé, je suis censée aller en ergothérapie, puis en kinésithérapie. Un planning est posé sur la petite table blanche devant le lit. Il se présente comme un emploi du temps scolaire, avec pour chaque heure la rééducation pratiquée.

Mais, aujourd'hui, c'est le premier jour, alors je suis exemptée.

D'ailleurs, toutes ces révélations m'ont épuisée et je m'endors à nouveau.

Quelques heures plus tard, je me réveille et la première chose que je vois, ce sont mes parents. Ils sont assis sur des fauteuils, contre le mur, et me regardent.

— Ma chérie, as-tu bien dormi ? me demande mon père.

— Tu veux de l'eau ? ajoute ma mère.

Tout en les observant, en me rendant compte encore une fois qu'ils ne me veulent vraiment pas de mal, bien au contraire, je reste obnubilée par l'idée que je suis sur une autre planète et qu'il faut que je me sauve.

J'ai la certitude de m'être fait enlever, d'avoir été réduite à l'état de légume pour être inoffensive car je sais au fond de moi que je ne suis pas comme ça. D'ailleurs, je ne me vois pas comme ça.

Mais pourquoi ?

Qui suis-je ?

Qu'est-ce que je fais là ?

Et où suis-je ?

Avec des extraterrestres sur une autre planète. Ça au moins, je le sais !

J'ai remarqué depuis ce matin que je ne parle pas la même langue qu'eux.

En effet, lorsque l'infirmière est venue apporter les plateaux tout à l'heure, je lui ai dit :

— Je veux boire.

Et elle a répondu :

— Je ne comprends pas ce qu'elle veut, je ne suis pas habituée à ses sons à elle. On va attendre ses parents, ils sauront...

Pourtant, j'ai bien dit :

— JE... VEUX... BOIRE...

Très clairement, en articulant !

Il n'y a pas de doute, ici, tout le monde est contre moi. La preuve : je parle normalement et ils appellent ça des « sons gutturaux ».

Je dois vite retourner sur ma planète, mais comment ?

Maman s'approche tout à coup de moi et attrape la télécommande qui se trouve sur mon chevet.

— Tu veux regarder la télévision, ma puce ?

Sans attendre ma réponse, elle l'allume et tombe sur la chaîne des dessins animés. Là, je suis contente et ça se voit. Puis je tends la main droite vers la télécommande, elle me la remet... et je la planque sous l'oreiller.

— Mais pourquoi fais-tu cela ? C'est la tienne, personne ne la prendra. Tu peux la laisser sur le chevet.

Après avoir sondé son regard, je décide de lui parler. Elle, elle comprend ma langue.

— Lorsque vous venez me voir, si la télécommande n'est plus sous l'oreiller, c'est que les autres extraterrestres m'ont tuée. C'est la preuve : je la laisserai tout le temps ici !

Mon cœur bat la chamade, tant par la confiance que je viens de lui accorder en lui faisant ces révélations que par la peur qui m'habite vingt-quatre heures sur vingt-quatre dans ce monde inconnu.

Ma mère est choquée par mes paroles. Elle a peur pour moi. Elle ne comprend pas, mais ne veut surtout rien laisser paraître.

Mon père hausse les sourcils en imaginant déjà les difficultés à venir. Il s'empresse de me réconforter avec des paroles apaisantes, ressentant ma détresse.

Je me sens sauvée, en quelque sorte, car ils ont l'air de me croire. Ils savent donc eux aussi que je suis là contre mon gré et que je ne suis pas dans mon état normal.

Le soir arrive déjà et mes parents me quittent, non sans s'être d'abord assurés qu'une infirmière va me veiller toute la nuit.

Mais je ne les vois même pas partir.

En effet, mon corps en pleine « réparation » est si fatigué et tellement douloureux qu'avec les antidouleur et les anxiolytiques qui prennent le relais de la morphine que l'on m'a administrée quotidiennement pendant plusieurs semaines, je dors.

Un rayon de soleil entre dans ma chambre, c'est le signe qu'un nouveau jour commence. J'ouvre les yeux et ne reconnais en rien le décor qui m'environne.

Je ne peux pas marcher, je ne parle pas correctement, je bave, je suis incapable de penser, à leurs yeux. Mais il faut savoir que cela n'est qu'une façade. Au fond de moi, mon esprit fonctionne correctement.

En l'espace d'une fraction de seconde, une image s'impose à moi comme étant la vérité.

J'ai trouvé la solution.

J'ai un souvenir.

Pendant qu'une infirmière entre dans la chambre et me sert un café avec une paille – pour me faciliter la tâche –, je me rends compte qu'ils ne m'ont pas tout pris. Ils n'ont pas réussi à enlever de ma tête mon souvenir du mot « lycée ».

Mais c'est quoi, le lycée ?

Avoir un souvenir sans en comprendre la signification n'est pas chose aisée...

Bon, j'essaierai de comprendre la teneur du mot « lycée » plus tard, et je me concentre sur le centre de mon souvenir, sur les mots en eux-mêmes : « Je passais le bac. »

Tout à coup, un médecin, une femme blonde, entre dans ma chambre – enfin, un extraterrestre déguisé en médecin. Je lui demande :

— C'est quoi, « passer le bac » ?

— Répète, doucement...

Au bout de six fois, elle comprend et me répond :

— C'est écrire, lire, compter et avoir un diplôme... Mais on en reparlera quand tu iras mieux. D'ailleurs, pour cela, il faut aller au lycée et je doute que tu en sois capable un jour !

— Je veux « passer le bac » et je veux aller au lycée.

Ce que je ne sais toujours pas, c'est ce qu'est le lycée ! Mais il faut y aller pour passer le bac ; et sur ma planète, je passais le bac. La seule façon pour moi d'y retourner, c'est de reprendre ma vie là où elle en était, et de passer le bac !

Le début de la rééducation

Dix jours plus tard…

En fin d'après-midi, l'ergothérapeute vient me chercher pour commencer la rééducation. J'ai réussi à me tenir assise dans un fauteuil roulant. C'est sensationnel !

Je regarde la couleur des différents couloirs, en essayant de me repérer au cas où je devrais me sauver très vite. Sauf que je suis encore incapable de manier et de faire avancer mon fauteuil roulant toute seule !

Nous arrivons dans la salle où plusieurs personnes sont déjà en train de travailler.

Des feuilles gribouillées de différentes couleurs sont étalées un peu partout.

— Bravo, Louis, c'est très joli… ton soleil…

— Continue, Adèle… Non, d'abord le rond…

En fait, les ergothérapeutes ne s'adressent pas à des petits enfants. Toutes ces personnes sont des adultes. Elles semblent d'ailleurs bien plus âgées que moi. Quand je les regarde, je me sens si différente ! Mais enfin, qu'est-ce que je fais là avec ces personnes ? Je ne suis pas comme ça, moi, je vais bien !

Après m'avoir installée devant une petite table verte, l'ergothérapeute sort quelques formes d'un casier et me pose des questions. Elle me les met dans la main et me cache les yeux. Au bout de quelques essais infructueux, je réussis à reconnaître un triangle.

Elle me félicite.

Je ne comprends pas.

Ça ne doit pas être si dur…

Puis je parviens après maints efforts à dessiner un rond presque correctement. Alors là, ce sont des applaudissements qui font écho dans toute la salle.

Je fais bonne figure, mais, au fond de moi je suis extrêmement blessée d'être considérée comme un bébé, un jeune enfant, alors que je me sais normale.

Je ne réalise pas encore que tout au long des mois à venir, je vais devoir réapprendre la vie comme un bébé qui vient de naître. Que tel un enfant d'école primaire, je vais repartir de zéro pour lire, écrire, compter – en partant de 1 + 1 = 2 !

Merci à la patience de ma maman, qui va m'élever une deuxième fois !

Merci à la confiance de mon papa, qui va me pousser à remarcher très vite et à aller toujours plus loin !

Après cette première séance d'ergothérapie épuisante pour moi, je suis ramenée dans ma chambre.

Ma grande sœur Sandrine, qui est venue me voir, consulte mon planning pour m'accompagner à la séance de rééducation suivante.

C'est la kinésithérapie.

Elle pousse mon fauteuil jusqu'à la salle de kiné, et, à peine arrivées, deux kinésithérapeutes me prennent en charge.

— Nous allons t'installer sur cette table orthopédique.

Ma sœur quitte la salle.

— Maintenant que tu es bien allongée, nous allons faire travailler tes bras puis tes jambes. Ton sang circulera correctement et nous éviterons les escarres !

Une demi-heure plus tard, la séance est terminée et Sandrine revient me tenir compagnie dans ma chambre. J'ai une pause de vingt minutes avant l'orthophonie !

Ce rythme infernal va se poursuivre pendant tout mon séjour. Mon emploi du temps évolue en fonction de mes progrès.

Mon petit frère

Pendant ce temps, à la maison...

Marie-Aurore ne quitte pas Jean-Marie. Ma mère étant vingt-quatre heures sur vingt-quatre à l'hôpital auprès de moi, Jean-Marie surnomme sa grande sœur « maman pâte ».

Depuis le début, mes parents lui disent que je suis partie en vacances chez ma marraine Odette. Seulement, hier soir, cette dernière a téléphoné. Il a compris. Il n'a que sept ans, mais il est loin d'être idiot.

Alors, ce matin, il se décide et pose la question à ma grand-mère :

— Elle est où, Tételle, en vérité ?

— Elle est à l'hôpital.

Brusquement, il file dans la cuisine, prend un paquet de BN et une bouteille d'eau. Il s'empresse de mettre ses précieux trésors dans son sac à dos Batman et sort dans le jardin. Ma sœur n'y prête pas tout de suite attention, mais, lorsqu'elle entend la cloche du portail, elle se méfie et sort le surveiller.

Elle aperçoit mon petit frère, sur sa moto électrique – une moto d'intérieur pour les petits enfants.

Il se retourne et lui dit alors :

— Je vais voir Krystel à l'hôpital. Si c'est loin, ce n'est pas grave, j'ai des gâteaux pour manger ce soir !

Les larmes aux yeux, Marie-Aurore le fait rentrer. Elle lui explique qu'il ne peut pas.

— Désolée, mon chéri, la route est dangereuse et les enfants n'ont pas le droit d'aller à l'hôpital.

Il pleure, il pleure tant il veut me voir. Alors, elle essaie de lui apporter encore plus d'amour et d'attention. Elle veut le réconforter, et lui assure que dans quelques jours (ou quelques semaines, ils ne savent pas encore), je pourrai venir passer les week-ends à la maison.

— Tu sais, Krystel, elle est un peu malade et fatiguée. Son visage a un peu changé, mais c'est toujours elle ! En ce moment, elle est si épuisée que ses jambes dorment tout le temps et qu'elle se déplace dans une chaise. Ça s'appelle un fauteuil roulant.

— Mais qu'est-ce que je dois faire ?

— Reste toi-même, et n'aie surtout pas peur.

Jean-Marie va être impressionné lorsqu'il me verra quelques jours plus tard en fauteuil roulant. Ma grande sœur étant partie de la maison, j'étais devenue l'aînée, la cheftaine.

Les médecins ne me donnaient que quatre ou cinq ans d'âge mental (je n'arrivais pas à leur montrer que c'était faux, que mon subconscient pensait). Mon frère a été tellement heureux de me voir que son comportement a été exemplaire pour son âge.

Pour lui, je suis toujours restée la même…

Les hallucinations

Arrivée depuis quinze jours au centre de rééducation…

Quelques jours se sont maintenant écoulés au centre de réadaptation. Je suis toujours persuadée d'être sur une autre planète, ce qui explique aisément ma différence avec les autres ! Dès que je dois m'absenter de ma chambre afin d'aller en rééducation, je m'empresse de camoufler la télécommande de la télé sous mon oreiller. Maman doit sans faute vérifier sa présence en entrant dans ma chambre. C'est une véritable psychose et je vis continuellement dans la peur.

Je ne fais toujours confiance à personne. C'est très dur pour moi, ce sentiment d'être une étrangère pour les autres, mais aussi pour moi-même. Car, au fond, je ne me connais et ne me reconnais pas.

Cela fait à peu près trois semaines que je suis revenue dans le monde des vivants, que je suis sortie du coma. Pour les autres, je demeure un peu à l'état végétatif, mais, au fond de moi, je me sens normale.

C'est à ce moment-là qu'est apparue une phase posttraumatique, due au coma et aux différents traumatismes crâniens. Elle a eu comme point de départ un événement dramatique. Mais, dans leur jargon médical, les médecins parleront d'« affabulations normales dues aux lobes frontaux écrasés ».

Il est environ 10 heures du matin. Je suis dans ma chambre au centre de rééducation. La télévision est allumée. Je regarde, je ne comprends rien, mais j'aime bien le bruit que cela fait car je me sens moins seule. Je me penche sur une feuille blanche.

Soudain, la porte s'ouvre. Le docteur X. entre dans ma chambre.

— Bonjour, Krystel.

— Bonjour !

J'articule toujours aussi mal.

Je suis assise dans mon fauteuil roulant, essayant désespérément d'écrire un mot à mes parents. Mais les lettres que je trace ne ressemblent pas à ce qu'elles doivent être. En plus, comment écrire une phrase sur une page A4, alors qu'un simple mot comme « papa » y tient à peine ?

C'est très dur physiquement et... psychologiquement !

Je lâche donc mon crayon et, sans prendre la peine de me prévenir, le docteur X. pousse mon fauteuil vers la porte.

Je me retrouve en train de traverser le couloir bleu puis, avant d'entrer dans le couloir violet, le docteur s'arrête. En relevant la tête, j'aperçois face à moi de grandes portes en fer avec des lumières qui clignotent partout.

Tout à coup, la porte s'ouvre automatiquement dans un bruit strident de ferraille et je sens mon fauteuil projeté vers l'avant. Elle se referme aussi vite qu'elle s'est ouverte, puis je sens un mouvement qui me fait remonter le cœur.

Nous descendons.

À peine arrivés à l'étage inférieur, le médecin entre dans une pièce exiguë où diverses machines ronronnent.

Je n'ai pas le temps de les observer que déjà le médecin me porte sur une table en fer et commence à me déshabiller. Je sens le métal froid sur ma peau. Des frissons me parcourent. Mais ce ne sont pas que des frissons à cause du froid, car j'ai peur aussi.

Enfin, que se passe-t-il ? Que fait-il ?

Après avoir réglé ses appareils de radiographie, le médecin m'allonge complètement sur la table et commence à écarter mes jambes. Et là, brusquement, il fait pénétrer ses doigts dans mon intimité.

Je panique. Je crie. Un sentiment d'impuissance s'empare de moi, mais miraculeusement, je trouve la force de sauter dans mon fauteuil roulant et de me sauver en hurlant : « Au viol » !

Comment y suis-je parvenue ? Je ne me pose pas de questions, je ne réfléchis pas, mon corps trouve la vigueur nécessaire pour échapper à ce que je ressens comme une agression.

Une infirmière qui se trouve dans la salle adjacente arrive très vite et demande au médecin ce qui se passe.

— J'ai voulu lui faire une radio des adducteurs car elle a des ostéomes qui s'ossifient sur son pubis, mais je n'ai pas eu la délicatesse de lui expliquer et elle a pris ça pour un viol.

L'infirmière arrive vers moi, essaie de me calmer, me rhabille et me ramène à ma chambre.

Elle appelle mes parents :

— Venez vite voir Krystel, il y a eu un petit malentendu pendant ses radios. Elle affabule et nous ne pouvons pas la contrôler.

Ce malentendu, cette affabulation (qui n'en est pas une pour moi !) déclenche tout de suite une phase hallucinatoire qui va me perturber très longtemps.

En effet, quelques minutes à peine après qu'on m'a ramenée dans ma chambre, ils font leur première apparition : les « hommes en blanc ».

Ma mère et mon père arrivent. Après leur avoir expliqué ce qui s'était passé, ils me croient et me ramènent à la maison. Ils ne peuvent raisonnablement pas me laisser dans cet endroit avant d'avoir éclairci les choses.

Maman parle à papa :

— Nous rappellerons le centre tout à l'heure pour voir comment nous allons nous organiser pour ses soins quotidiens le temps de régler le problème.

Cette affabulation me marque. Certes, je n'ai pas été violée sexuellement, seulement pénétrée par des mains étrangères, mais mon esprit, lui, l'a vécu comme tel et j'ai peur.

Ce n'est pas le geste qui compte le plus (même si c'est loin d'être agréable !), mais le fait d'être prise comme un objet, sans explications, parce que je suis grabataire. Cela m'a choquée et mon esprit a divagué.

À cause de cela, maintenant, je les vois tout le temps. Ils sont à ma poursuite. Les « hommes en blanc ».

Après avoir vu le médecin de famille qui a confirmé qu'aucune violence n'avait été faite sur mon corps, je suis épuisée. Mais pourquoi n'a-t-il pas parlé de mon esprit ?

Nous voilà rentrés à la maison. Mon père descend mon lit dans le salon, car je ne peux bien sûr pas monter les marches jusqu'à ma chambre en fauteuil roulant. Il l'installe sous la fenêtre de façon à avoir de la clarté même en pleine journée.

Je m'allonge et soudain je hurle :

— Maman, maman, il est là. Il est venu pour me tuer.

— Mais qui, ma chérie ? Je ne vois personne !

— Mais si, juste devant moi ! Avec un couteau ! L'homme en blanc !

Mon cœur bat à tout rompre et j'ai la peur au ventre. C'est pire que le plus terrible des cauchemars !

Comment mes parents vont-ils pouvoir me protéger, s'ils ne les voient pas ?

Mon père m'emmène boire un rafraîchissement dans la cuisine. Je tourne la tête, et stupéfaction : il me suit !

— Papa, aide-moi !

— Ne t'inquiète pas, ma chérie, je suis là avec toi.

— Oui, mais l'homme en blanc aussi !

Par cette belle journée ensoleillée, toutes les fenêtres sont ouvertes dans cette maison qui semble si paisible. Cela est tellement contradictoire avec mon tumulte intérieur : une angoisse m'étreint. Même quand je ferme les yeux, je les vois.

Ils sont venus me chercher car j'aurais dû mourir. Je ne devrais pas être là, ils veulent me tuer pour rétablir l'ordre.

Une visite au centre de rééducation

Six jours après ce malentendu
(qui s'est dissipé), je retourne au centre...

Je reçois de nombreuses visites, que j'oublie bien souvent ! Mais je trouve une échappatoire à mes problèmes de mémoire. En effet, ne pas reconnaître sa famille, ses amis ou sa maison, c'est déjà perturbant, mais ne pas se rappeler qui est venu me voir deux heures auparavant, c'est à devenir folle !

Alors, je tiens un planning. Sur mon emploi du temps distribué chaque début de semaine par les infirmières, j'inscris des noms.

Des noms que maman m'annonce au fur et à mesure en me disant :

— Tiens, cet après-midi, à 16 heures, ta copine vient te voir. À 18 heures, ce sera ton copain, et après dîner papa...

C'est très important pour moi de tout planifier, c'est en quelque sorte un repère.

Sur cette planète où je me trouve en ce moment, je suis bien obligée de me créer mon univers et mes règles, car je ne sais pas encore quand je pourrai partir. Donc, je marque tout, ou plutôt je fais tout inscrire. Si quelque chose déroge à la règle, je me sens tout de suite en insécurité !

Maman se gare sur le parking devant la porte du centre. Ma petite sœur Marie-Aurore l'accompagne.

À travers la vitre, Marie-Aurore regarde au-dehors puis hésite quelques secondes avant de descendre de la voiture.

Devant le sas d'entrée du centre, il y a beaucoup de monde.

Ce sont des malades.

Ce sont des handicapés.

Mais c'est aussi mon quotidien.

Pour ma petite sœur, c'est beaucoup plus dur d'aller me voir au centre de rééducation qu'à l'hôpital.

D'accord, j'étais dans un coma profond. On ne savait pas si j'étais en train de dormir ou en train de mourir. Mais mon visage était serein !

Là, Marie-Aurore a peur.

Elle ne sait pas si je vais rester comme ça toute ma vie. Les médecins eux-mêmes ne veulent pas se prononcer.

Elle relève la tête, prend une grande inspiration, souffle l'air dans ses poumons et va rejoindre ma mère qui l'attend devant l'entrée.

On frappe à ma porte.

— Krystel, chérie, c'est maman et Marie-Aurore. Je t'ai apporté tes gâteaux préférés pour ton quatre-heures. Ta copine Laurence doit venir dans une demi-heure.

— Bonjour ma grande sœur chérie. J'ai amené des élastiques pour te faire plusieurs tresses.

Ma petite sœur regarde mon physique qui fait peur, et les larmes lui montent aux yeux. Ce faciès de personne grabataire, elle ne s'y habitue pas.

Elle essaie de capter mon regard, qui est tour à tour flou puis fixe, lorsqu'elle me dit :

— Je vais rester jusqu'à ce que ta copine arrive, parce que si tu ne la reconnais pas et que tu la traites d'extraterrestre, elle ne va pas comprendre. Mais ne t'inquiète pas, je lui expliquerai !

Tout à coup, une infirmière entre dans la chambre.

— Salope !

Ma sœur me demande :

— Mais enfin, Krystel, qu'est-ce qu'il y a ?

— Elle est méchante. Elle vient pour me piquer les gâteaux que maman m'a apportés.

— Mais ce n'est pas vrai !

Dans ma tête, je n'ai pas dix-huit ans. J'ai le langage d'une adulte – même s'il est incompréhensible –, mais l'attitude d'un enfant de quatre ans. Un enfant de quatre ans qui aurait un vocabulaire particulièrement ordurier...

Si je réagis comme ça, c'est qu'au fond de moi je suis persuadée que tout le monde est contre moi. Je suis toujours sûre d'avoir affaire, non pas à des infirmières, mais à des extraterrestres. Des gens qui m'endorment la tête pour que je bave, et les jambes pour que je ne puisse pas marcher.

— Dis-lui qu'elle est méchante !

— Mais non, tu te trompes.

— Dis-lui devant moi, sinon, c'est que tu es avec elle, et je ne veux plus jamais te voir !

Marie-Aurore dissipe très vite son dilemme et, très mal à l'aise de ce que je l'oblige à faire, obtempère (après avoir lancé un clin d'œil à l'infirmière, qui en fait est très gentille et a tout compris).

— Vous êtes méchante. Arrêtez donc d'embêter ma grande sœur !

On frappe à la porte.

Ma mère répond :

— C'est Laurence.

Laurence est mon amie d'enfance. Nous avons été dans la même classe de la maternelle à la première, fait les quatre cents coups, et avons été les meilleures amies du monde.

Laurence reste sur le seuil, interdite.

— Entre...

— Euh...

L'image de cette jeune femme dans son fauteuil roulant, au fond de la pièce, la frappe.

Elle ne reconnaît pas son amie de toujours.

Elle a peur que je ne sois plus jamais comme avant.

Je lui parle, mais ma voix est méconnaissable.

C'est très dur, elle reste une heure et demie puis repart. Elle ne reviendra pas tout de suite...

D'ailleurs, la plupart des amis qui me rendent visite ne s'attardent pas plus d'une demi-heure. Ils repartent en disant, pensant que je ne comprends pas :

— Ben, elle est bien handicapée, elle n'est pas près d'aller en boîte avec nous !

Ce qui me blesse profondément et qui va me forger une carapace toute ma vie face au regard des autres.

Un médecin arrive.

— Madame, je voulais vous dire de ne pas tout céder à Krystel et je voulais vous expliquer aussi son humeur. En fait, si elle est désagréable avec tout le monde, c'est parce qu'elle est dans son monde à elle. Elle ne vit pas complètement dans la réalité : elle n'a pas de repères dans le temps, puisqu'elle ne se souvient pas de ses proches, de sa vie, ou de son enfance. Et si je vous demande de faire preuve d'un peu de sévérité, c'est parce qu'elle ne vit que par émotions, sans réfléchir. Son caractère se recrée comme pour un nouveau-né.

Alors, maman comprend qu'elle va devoir refaire tout le chemin, depuis ma naissance jusqu'à l'âge adulte.

Me rééduquer, tout me réapprendre.

Elle sait quelle importance a son rôle de maman, en est fière, et n'a pas peur du dur labeur qu'elle va avoir à accomplir !

L'esthéticienne

Quelques semaines se sont écoulées depuis mon arrivée au centre, et je vais mieux.

Les gens me terrorisent moins, et j'ai grandi dans ma tête : je dois avoir quinze ans d'âge mental maintenant. Plus que trois ans à rattraper.

Ça y est. C'est le week-end.

Je sors enfin du centre de rééducation et réadaptation fonctionnelle. Je sais que je n'ai que deux jours de permission (on se croirait en prison !), mais, pour moi, ce sont deux cents ans !

Et j'ai cette impression chaque fin de semaine.

Je vais sortir, donc je vais être considérée comme une personne normale.

J'arpente ma chambre en fauteuil roulant, puis me décide à aller attendre mes parents devant l'entrée du centre. Je traverse le couloir et essaie de sourire au regard bienveillant de l'infirmière en chef.

— Alors ma petite Krystel, tu vois, tout n'est pas toujours noir ! Tu vas retrouver ta maison encore une fois.

C'est vrai que je compte les jours du lundi au vendredi !

Ce qu'elle ne sait pas, c'est que je ne reconnais toujours pas ma maison.

Mes parents arrivent, ils descendent précipitamment de la voiture et viennent m'embrasser les larmes aux yeux.

Pendant que maman signe les papiers nécessaires à ma sortie du week-end dans le bureau des infirmières, papa se charge de récupérer mes effets personnels dans ma chambre.

J'observe cet endroit que je quitte, et qui ressemble à un camp de vacances avec ses vastes étendues d'herbe et ses fleurs partout.

Puis nous rentrons à la maison.

Mes parents doivent m'emmener en ville. J'ai envie de prendre l'air. Je le fais comprendre à maman.

Non ma chérie, ça va te faire trop d'un coup, je préfère que nous prenions la voiture, et je te promets que nous irons acheter le pain à pied – quelle ironie ! – plus tard.

Il faut dire que les quelques kilomètres qui nous séparent du centre suffisent à m'épuiser. Monter en voiture, supporter la route, puis le trajet sur le gravier de la cour me fatigue tant que je dois dormir à l'arrivée.

Papa me porte jusqu'au siège avant de la voiture. Pour une raison que je ne m'explique pas encore, je refuse d'aller à l'arrière. Je veux être maîtresse de la situation !

— Attention à tes mains, ma puce, je vais fermer la portière.

Même ça, je suis incapable de le faire.

Mon corps semble mou, sans force. Pourtant, mon bras droit fonctionne à défaut du gauche !

Je dis *fonctionne*, car, pour moi, mon corps est une machine divisée en quatre :

1) mes jambes qui ne marchent pas ;

2) mon bras gauche, hémiplégique aussi ;

3) mon bras droit en parfait état (mais je suis malheureusement gauchère) ;

4) et ma tête qui, malgré les apparences, réagit même si ma gorge n'émet que des sons gutturaux et que de la bave s'écoule sans cesse de ma bouche.

Je regarde mon père ouvrir le portail. Symbole de liberté, de promenades.

Nous traversons la petite ville où j'habite, je regarde chaque boutique avec un œil neuf ! J'aimerais m'arrêter dans chacune d'elles, tout voir, tout toucher. Mais nous continuons jusqu'au village voisin. Nous le traversons avant de trouver une place sur le parking de l'église.

Papa sort de la voiture.

Il ouvre le coffre, en extirpe mon fauteuil roulant, et le déplie sur le bord du trottoir.

Déjà, les passants sont interloqués, et montrent discrètement du doigt le fauteuil.

Dans ce petit village où tout le monde se connaît, il n'y a pas de handicapés. Enfin, pas dans les rues. Alors, voir un fauteuil roulant, c'est comme voir un Martien…

Papa me porte jusqu'à mon fauteuil, et maman veut me pousser sur le trottoir.

Mais surprise !

Il n'y a pas la possibilité d'avancer. Les trottoirs sont trop étroits, et de petites buttes en ciment en jalonnent le bord tous les deux mètres… d'où cette absence de personnes à mobilité réduite dans les rues.

Papa s'exclame :

— Laisse, canard, je vais la prendre car nous allons devoir marcher sur la route.

— Oui, tu as raison, c'est dangereux, il vaut mieux que ce soit toi !

J'enrage de voir que certains travaux de voirie ne sont jamais achevés, alors que des aménagements aussi indispensables ne sont pas faits.

Nous voilà arrivés devant la porte du salon d'esthétique.

Maman l'ouvre.

Ça y est, la galère recommence : une marche !

Une simple marche pour accéder à l'intérieur de la boutique... Mais ça, c'est déjà l'horreur !

Heureusement, papa est là, il me porte dans ses bras pendant que maman rentre le fauteuil.

— Bonjour, messieurs dames.

— Bonjour, je vous ai appelée pour prendre rendez-vous pour une épilation des jambes, pour ma fille Krystel.

— Bien sûr, pas de problème, nous allons descendre dans la salle prévue à cet effet.

Je la suis du regard, et je vois... des escaliers en colimaçon !

Mon père me prend tout de suite dans ses bras et commence à descendre les marches pour calmer mon regard affolé.

Et ça tourne, et ça tourne...

Arrivés en bas, il m'allonge sur une table (comme celle des médecins) sur laquelle est installé un drap blanc, immaculé. Un petit coussin est posé sur un tabouret juste à côté. Papa le prend et le glisse sous ma tête.

Pendant ce temps, maman a rangé mon fauteuil dans un coin de la boutique, là-haut.

Tout à coup, j'entends l'esthéticienne qui lui dit :

— On ne peut pas laisser le fauteuil ici. Vous comprenez, les clients...

Maman a dû lui jeter un regard noir ou lui rétorquer une phrase bien cinglante car elle continue :

— ... Oui, enfin, là, ça va, ils ne vont pas se prendre les pieds dedans.

À mon avis, elle est simplement gênée. Ça dérange, un fauteuil roulant au milieu de son maquillage. Elle est simplement bête.

À croire que si une personne n'est pas en parfaite santé, elle n'a pas le droit d'être belle.

OK, je parle avec des sons gutturaux.
OK, je bave.
Et alors ?
J'ai quand même le droit de vouloir être belle, non ?
Ce n'est pas parce que je suis handicapée que je n'ai pas les mêmes préoccupations que les autres jeunes femmes de mon âge.
J'ai besoin d'être belle pour me sentir bien !
Maman descend et vient nous rejoindre.
— Ça va, ma chérie, tu es bien installée ?
Je hoche la tête.
Puis l'esthéticienne arrive à son tour. Elle enfile une blouse blanche et commence à préparer sa mixture de cire chaude. Elle prend une spatule et étale de grandes bandes sur mes mollets. Puis, sans prévenir, arrache tout d'un coup.
Je n'ai pas mal car mes jambes sont encore un peu insensibles. Je n'arrive pas à marcher, mais je crois que j'ai quelques sensations (à moins que je ne les imagine).
— Ça y est, c'est fini.
Lorsque l'esthéticienne dit cela, ce n'est pas moi qu'elle regarde, mais ma mère. Moi, j'ai l'impression étrange de lui faire peur.
Et on recommence tout en sens inverse. Papa me porte, maman approche le fauteuil au bord des marches de l'escalier… et on ressort.
Nous voilà de nouveau installés dans la voiture.
Je souris.
J'ai hâte que ma petite sœur me maquille les yeux et me fasse les ongles, car ainsi je serai vraiment belle pour voir les amis qui doivent me rendre visite cet après-midi.
Je veux leur montrer que tout va bien, que je suis presque guérie, et que, physiquement, même si je suis diminuée, ça ne se voit pas.
Enfin, ça, c'est ce que je crois !

En arrivant à la maison, je veux tout de suite m'allonger sur mon lit, dans le salon, pour voir mes jambes. Je n'en pouvais plus de tous ces poils après plus de deux mois.

Je suis allongée, je me redresse pour m'admirer, et là, stupéfaction !

Mais pourquoi a-t-elle fait ça ?

Que s'est-il passé ?

Mes jambes sont épilées, certes, mais uniquement par endroits.

L'esthéticienne n'a pas jugé nécessaire de m'épiler correctement. Elle a dû se dire que j'étais trop handicapée pour m'en rendre compte.

Elle a eu tort.

Mes larmes commencent à couler.

Ce manque de respect m'humilie à un point inimaginable. Et là, je me fais une promesse qui va me suivre toute ma vie :

— Je jure devant Dieu que personne, plus jamais, ne me regardera avec ces yeux-là !

Depuis ce jour, Marie-Aurore vient tous les jours au centre pour me maquiller les yeux avec mon eyeliner et mon mascara. Un jour sur deux, elle me refait mon vernis à ongles.

Je lui fais comprendre que je veux être belle vingt-quatre heures sur vingt-quatre. Pour moi, mes traits n'ont pas changé. Si les autres me trouvent étrange, c'est parce qu'ils ne sont pas de ma planète… Ma sœur va m'aider à leur ressembler. D'ailleurs, c'est aussi important pour elle que pour moi. Elle ne veut pas que l'on s'arrête à mon visage encore marqué par l'accident. Il faut que je sois jolie et apprêtée pour m'approcher de la « normalité ». Toutes les deux, nous faisons équipe pour me faire belle…

Je remarche

Mi-août…

Cette nuit, c'est décidé, je me lève.

Je veux combattre les médicaments qui m'endorment les jambes et, surtout, je veux sortir d'ici. Quitter ce centre qui me terrorise.

Marcher est la seule façon, à mes yeux, pour qu'ils me laissent aller chez ces gens qui se disent mes parents. Je ne reconnais pas leur maison, mais ce sera toujours mieux qu'ici.

Je me fais glisser du lit vers mon fauteuil roulant. Maintenant, je suis une pro, et je commence à devenir très habile (notamment quand je fais une course dans le couloir avec Karim).

Une fois dans mon fauteuil roulant, je prends appui sur mes bras – enfin, surtout le droit – et je me dis que c'est le moment de leur prouver qu'ils se trompent.

Je réussis à me tenir debout !

J'avais raison !

Je fais un pas, deux, puis je m'écroule.

Mais j'ai réussi…

Le lendemain, je sais que je ne dois pas le dire, sinon ils vont augmenter les doses de médicaments. Il faut que j'attende une personne de confiance.

L'après-midi, mon père arrive, et à peine a-t-il refermé la porte que je m'empresse de lui confier mon secret.

Avec mon accord, il court au bureau des infirmières et fait appeler un médecin. Quand ce dernier arrive, mon père lui relate mon épisode de la nuit.

— Cette nuit, ma fille a remarché.

— Non monsieur, elle a rêvé. Médicalement, c'est impossible, elle ne peut pas tenir sur ses jambes.

— Moi, je lui fais confiance. Elle n'a pas rêvé. Vous allez voir.

Et là, mon père pousse mon fauteuil jusqu'à la salle de kiné. Il l'installe au bord des barres parallèles pour que je puisse prendre appui. Après m'avoir sondée du regard, il me dit :

— Lève-toi, montre-nous ce que tu sais faire.

Je souffle fort, prends à nouveau appui sur mes mains, me maintiens debout, et je me lâche ! De même que la nuit précédente, je fais un pas, deux pas et… trois pas. Puis je tombe.

Mais je sais que c'est une nouvelle victoire et que je pourrai bientôt sortir d'ici.

Mon corps se réveillera et mes jambes me porteront un jour…

Rentrer chez soi

Trois mois se sont écoulés depuis ce fameux jour où ma vie a basculé...

Aujourd'hui, je quitte ce centre et je rentre dans la maison de mes parents. Enfin !

Je ne cesse de compter les jours, c'est vraiment trop long, ici.

J'ai quitté le fauteuil roulant et, depuis ce matin, je délaisse également le déambulateur. Je veux marcher seule.

J'y arriverai. Ce ne sera pas toujours facile, mais, comme le dit si bien le proverbe : « On n'a rien sans rien. »

Je sais qu'à partir de maintenant, je ne serai plus considérée comme une plante verte car « ma famille » me respecte.

Je me lève pour aller dans la chambre voisine de la mienne, afin de dire au revoir à Karim. Karim est un rugbyman qui s'est blessé à la cheville. Il n'est là que quelques semaines. Il se comporte comme un grand frère avec moi, et ne cesse de rassurer mes parents le soir, au moment de leur départ :

— Ne vous inquiétez pas : je veille sur elle. Si elle appelle cette nuit, je préviendrai les infirmières. Et si elle a peur, je resterai auprès d'elle jusqu'à ce qu'elle s'endorme.

Après avoir fait mes adieux, qui n'en sont pas vraiment, je sors devant le hall pour prendre un peu de soleil.

L'air est chaud et ma peau renaît.

Une odeur de tabac chatouille mes narines.

Je reconnais cette odeur. Je suis sûre que sur ma planète, je fumais. Je n'ose pas prendre une cigarette, car j'ai l'impression que si je la fume, mon corps va se recouvrir de sang. D'où me vient cette peur irrationnelle ? Peut-être de ce qu'un médecin a dit à mes parents l'autre jour : « Vous ne devez surtout pas fumer devant elle, car, avec ses poumons écrasés et perforés et son double pneumothorax, cela serait très nocif pour sa santé. »

Mes parents arrivent, tenant à la main de grands sacs de voyage.

— Ça y est, ma puce, on remballe tout. Cette fois-ci, ce n'est pas qu'un week-end. Tu rentres définitivement à la maison.

Ils ont les larmes aux yeux, mais moi, je ne sais pourquoi, mes larmes restent au fond de mon cœur de pierre.

Nous voici arrivés.

Je suis tout excitée. Je veux parler dans la voiture, mais je n'y parviens pas correctement. Je ne cesse de bégayer.

Dès l'instant où nous franchissons le portail, des applaudissements fusent de toutes parts. À travers les fenêtres ouvertes du salon, on aperçoit des guirlandes multicolores et des banderoles (confectionnées par mes sœurs et mon frère), où l'on peut lire « BIENVENUE À LA MAISON KRYSTEL ».

À peine la portière de la voiture s'entrouvre que déjà mes sœurs et mon frère s'empressent de m'embrasser.

— Ce que tu dois être contente ! dit ma sœur.

— C'est vrai, je comptais les jours pour partir de là-bas.

— Tu viens voir tes cadeaux ? me demande mon petit frère de sept ans. On t'en a acheté plein !

Je mets plusieurs minutes pour atteindre la porte. Cet effort m'a épuisée, alors je vais immédiatement m'allonger sur le lit du salon. Ce jour-là, la fête tourne court. Je ne me rends pas compte de tout ce qu'ils ont préparé.

L'escalier est encore impraticable pour moi, donc mon lit est toujours en bas près de la cheminée, où des bougies ont été allumées pour l'occasion.

Maman vient me demander :

— Tu as besoin de quelque chose, ma chérie ?

— Non.

— Nous allons commencer par te faire une beauté !

Sur ces mots, elle part remplir une bassine d'eau tiède dans la cuisine.

— Je vais te laver les cheveux, ma puce.

J'ai quitté le fauteuil roulant, mais le rituel de me laver les cheveux dans la bassine perdure, car je ne peux monter à la salle de bains. Une fois ma toilette terminée, maman s'empresse d'aller chercher tous les albums de photos.

— Te souviens-tu de notre ancienne maison ? Tu avais huit ans ici.

Et là, elle commence à me raconter mon enfance...

— Non, je ne me rappelle pas.

— Et cette fête ?

— Qui sont tous ces gens ?

— Eh bien... la famille, tes amis... le jour de tes dix-huit ans, il y a six mois !

— C'est faux, je ne connais personne. Ce sont tous des extraterrestres.

— Ne t'inquiète pas, ça te reviendra.

Tout à coup, je veux aller aux W.-C. Un sourire éclaire mon visage car je prends conscience que je vais y aller doucement, mais seule. C'en est fini de me sentir humiliée lorsqu'on me portait sur la cuvette et qu'on me torchait les fesses comme un bébé.

Je commence à fatiguer, je me rallonge.

Lorsque je me réveille, l'après-midi est bien entamé. Je regarde par la fenêtre du salon. J'aperçois du monde dans le jardin, des personnes attablées en train de boire un café. Ce sont les amis de mes parents.

— Bonjour, Krystel. Comme nous sommes heureux que tu sois de retour parmi nous.

— Bonjour, monsieur. Bonjour, madame.

Je ne les reconnais pas, même si leurs voix me sont familières.

— Maman, j'ai peur. Où suis-je ?

— À la maison, ma chérie. Ne t'inquiète pas, je reste dormir avec toi cette nuit et tant que tu n'iras pas dans ta chambre. Je m'allongerai sur le canapé.

Tout à coup, j'entends des rires et des applaudissements.

Mais qu'est-ce que c'est ?

Un énorme paquet est posé sur la table du salon. Ma petite sœur s'approche. (Mais c'est qui, elle, déjà ?)

— J'ai travaillé tout l'été pour t'offrir le cadeau dont tu rêves depuis des mois...

Je m'approche, et l'ouvre.

Une chaîne hi-fi avec lecteur CD ! Cela vient de sortir sur le marché pour remplacer les disques vinyles 33 tours.

Je suis contente, mais ne le montre pas vraiment. Tout est trop nouveau pour moi.

Je me rendrai compte quelques années plus tard de la générosité de Marie-Aurore qui, avec sa première paie d'étudiante (puisqu'elle avait tout juste seize ans), a voulu me faire plaisir et n'a pas gardé un centime pour elle.

Il est l'heure de dîner. Ma mère me tend une pile d'assiettes.

— Tu veux bien m'aider à mettre la table, ma puce, s'il te plaît ?

Elle sait que je vais en être incapable et que je vais toutes les casser. Mais pour elle, ma rééducation commence par le fait d'oublier ma différence, de vivre avec mon handicap comme une chose normale. Elle a raison de vouloir me faire reprendre confiance en moi.

Le soir arrive. Je me couche tôt car je suis très lasse. Auparavant, je demande à maman de revoir les albums de photos.

— C'est où là ? Et là ?

Ma nuit est à nouveau peuplée de cauchemars avec les hommes en blanc.

Lorsque je me réveille le lendemain matin, j'ai pris une décision.

— Bonjour ma puce, je te prépare un café.

— Bonjour papa, bonjour maman. J'ai une idée.

— Dis-nous à quoi tu penses, ma chérie.

— Et si on partait en vacances, dans la maison sur cette photo ? Ici, je ne reconnais pas. Mais cette maison-là me dit quelque chose !

Et là, je sors une photo jaunie, que j'ai glissée au fond de la poche de ma robe de chambre hier soir.

Le lendemain matin, nous prenons la route pour nous rendre à la maison de la plage à Royan. La maison de mes grands-parents.

Le retour au lycée

Septembre 1992

— Je veux passer le bac !

— Attendez encore quelques mois pour vous rétablir, rétorque le médecin.

— Non, la rentrée, c'est dans quinze jours, j'y serai !

Devant mon acharnement et ma volonté de retourner au lycée, mes parents acquiescent.

— Ce sera peut-être mieux pour elle de se retrouver dans son environnement scolaire.

— On va essayer. Je lui fais confiance.

Après avoir pris des dispositions avec le lycée, les professeurs, le centre de rééducation et les VSL[1], qui m'emmènent et me ramènent pour faire des soins ou des examens médicaux entre les cours, me voici admise en terminale à nouveau.

Quelques jours avant la reprise des cours, je ne quitte pas ma chambre. Je veux écrire à peu près lisiblement. Je veux savoir compter autre chose que 1 + 1 = 2. Alors, la nuit, je travaille. Je m'acharne. Il me faut du temps pour parvenir à quelque chose. J'apprends aussi à être patiente et à ne jamais me décourager.

C'est dur, mais j'y arriverai. Je le sais, car je le veux.

---

1. Véhicule sanitaire léger.

— Couche-toi, ma chérie, il est 2 heures du matin !

— Non. Encore quelques mots et quelques additions.

Le mot « papa » tient désormais dans un carré de cinq centimètres de côté. Je suis fière.

Une semaine avant la rentrée, maman m'amène chez ma prof de comptabilité pour réapprendre les bases. Mon accident est arrivé une semaine avant le baccalauréat. J'étais une bonne élève, mais j'ai tout oublié.

Depuis hier, je commence à lire. Cette passion pour la lecture qui m'habite depuis toute petite me sauve. J'ai tellement besoin de lire des romans avant de dormir que je réapprends très vite… et seule !

Le jour de la rentrée arrive enfin. De nombreux élèves me regardent comme si j'étais une revenante. Ils me pensaient morte, ou en tout cas incapable de retourner au lycée.

Dans un premier temps, pour certains cours, comme la philo, je m'installe au fond de la classe. Je suis incapable d'écrire vite, alors la prof donne des polycopiés à mes parents le soir. Dans d'autres cours, comme l'allemand, je suis au premier rang. Pour moi, c'est aussi facile d'apprendre à parler allemand que de réapprendre les bases du français ! Pour les maths, je navigue, mais pas trop loin du tableau quand même, afin d'analyser correctement les opérations.

Mon insertion ne se passe pas sans difficultés. Je me sens très proche de l'autorité : les profs, les pions, la conseillère d'éducation et d'orientation. Je sens qu'ils me respectent et comprennent mes efforts comme mes problèmes.

Les jeunes de mon âge, eux, je ne les aime pas. Ils ne comprennent rien.

— Chouette, la prof est malade.

— Non, mais ça va pas de dire ça ! Tu ne te rends pas compte de la chance que nous avons d'aller au lycée et de nous instruire. C'est notre avenir qui se joue ! En plus, pour toi c'est facile de travailler ou d'apprendre, alors arrête de toujours te plaindre !

C'est en cours que j'ai explosé comme cela. J'ai invectivé mes camarades et, malgré leurs mines ahuries, je ne me suis pas tue. Il faut dire aussi, pour comprendre la surprise des autres, que j'ai toujours un vocabulaire… direct. Je ne me rends pas compte, encore, des mots que je peux employer ou non.

Ma prof de philosophie m'aide énormément.

Elle comprend mon désarroi.

L'an passé, j'étais le boute-en-train de la classe et je croquais la vie à pleines dents.

Plus maintenant…

— Krystel, tu as de la rage devant l'insouciance des autres, mais cesse de leur faire des discours de morale. C'est normal d'être ainsi, tu étais pareille, avant.

Je parle beaucoup avec elle et, dès que je suis en vacances scolaires, elle m'écrit. C'est un vrai soutien.

Puis arrive le jour où je prends à nouveau le bus pour aller au lycée. Ma petite sœur est dans le même établissement. Elle m'accompagne donc, et sert d'« yeux » à ma mère.

— N'oublie pas de m'appeler et de surveiller ta sœur !

— Ne t'inquiète pas, maman.

Alors, à chaque récréation, Marie-Aurore vient me voir, discrètement pour ne pas me déranger et me donner le sentiment d'être espionnée, s'enquiert de ma santé et de ma fatigue. Elle va appeler maman, qui attend fébrile près de son téléphone, tant l'inquiétude de me lâcher seule la ronge.

La seule chose qu'elle ne lui rapportera jamais, c'est que j'ai recommencé à fumer. Pour elle, me voir tirer sur ma cigarette, c'est retrouver sa sœur « d'avant ». C'est la seule chose de « grande » qui me reste…

Quelques semaines se sont maintenant écoulées depuis le début de l'année scolaire. Je sors d'un cours d'anglais, me hâte d'aller vers la porte de sortie du lycée, où un VSL m'attend pour m'emmener passer un scanner cérébral. Heureusement, je n'ai pas oublié de prendre un livre, car je vais encore patienter une heure dans la salle d'attente !

Tout à coup, je trébuche.

— Ah !...

— Hé, l'handicapée, dégage, tu vas pas assez vite, tu me gênes !

Et je tombe dans l'escalier !

Quelques lycéens se rassemblent assez vite et se soucient de ma santé :

— Ça va ? Tu n'es pas blessée ?

— Non, je n'ai pas trop mal, je suis retombée sur les genoux.

Immédiatement, un pion est averti, mais, malheureusement, le fautif, lui, s'est enfui. Je n'ai pas vu son visage. J'ai juste entendu sa voix.

J'oublie vite cet incident, décidée à être une très bonne élève pour passer mon bac, assurer mon avenir... et retourner sur ma planète. J'ai encore des difficultés pour me déplacer. Ce n'est pas très flagrant, mais ma lenteur me trahit.

Peu à peu, je redeviens de plus en plus « normale ». Je n'ai plus besoin des photocopies des profs, car je peux à nouveau écrire correctement.

En revanche, l'écart qui existe entre les jeunes de mon âge et moi se creuse davantage. Je deviens asociale avec eux.

Cela s'explique. D'habitude, on sort peu à peu de l'adolescence pour entrer dans l'âge adulte. Pour moi, ça s'est passé brutalement, sans que j'y sois préparée. J'ai été littéralement jetée dans le monde des adultes, bien trop tôt : j'avais seulement dix-huit ans et demi.

Je vivais encore dans mon cocon, ce fameux après-midi de juin...

David

Trois mois après la rentrée des classes :
fin novembre 1992...

C'est l'interclasse. Je me promène dans le hall du lycée, puis soudain j'ai envie de voir s'il est là.

Je sors en poussant la lourde porte vitrée qui donne sur l'extérieur.

Je me retrouve aux abords de cette « cour », qui n'en est pas vraiment une. Des parterres de fleurs sont disposés au bord de chaque parcelle de pelouse. Des bancs en pierre sont installés tout au long de l'allée qui donne sur les salles de cours en préfabriqué.

Puis je le vois.

Debout, immobile, contre une colonne en pierre, le regard fixe et très triste.

Une fois encore, j'ai envie d'aller lui parler.

Une fois encore, j'ai peur. Peur qu'il sache.

Après tout, je me dis que ce n'est qu'une « claque » de plus, alors je me lance :

— Bonjour, tu n'aurais pas du feu ?

Je sais qu'il en a, il fume.

— Si, bien sûr.

Et là, il a un sourire désarmant qui m'incite à continuer...

— Tu es en terminale aussi ? Je me mêle de ce qui ne me regarde pas, mais je te vois souvent seul. C'est parce que tu es nouveau, tu n'as pas eu le temps de te faire des amis ?

— Oui, j'ai déménagé juste avant la rentrée, et je ne me lie pas facilement. Je suis un solitaire.

— Je t'ai déjà vu dans le car numéro dix, tu n'habites pas loin de chez moi ?

— Non, à deux kilomètres.

— Bon, ça sonne, à plus tard...

Je retourne en cours et, dès la récré suivante, je lui saute dessus :

— Au fait, tu t'appelles comment ?

— David, et toi ?

— Krystel... Mais tu ne me connais pas ?

— Non, pourquoi ?

— Ben... tout le monde sait au lycée. Dans le journal, j'étais censée être morte. En fait, après le coma, le centre et le fauteuil roulant, je suis revenue ! Mais maintenant, je suis handicapée et je souffre...

Et là, je me mords la langue.

Mais qu'est-ce qui me prend de lui parler de ça ?

J'avais peur qu'il soit au courant et qu'il me rejette. Il ne l'est pas et, c'est plus fort que moi, il faut que je lui en parle. Mais d'où me vient ce besoin de montrer que je suis forte, que je ne me plains pas ? Je veux prouver que ma vie est un miracle, certes, mais que je me suis quand même beaucoup battue pour...

D'où me vient ce besoin de me vanter qui soûle très vite les jeunes de mon âge ?

Si je continue, je vais rester seule. Je dois me taire !

Le midi arrive et, naturellement, je retrouve David à la cantine. Il est beau, très beau. Alors, pour qu'il ne croie pas que je suis tombée physiquement sous son charme, je lui parle tout de suite de mon petit copain. Car ce qui me plaît et m'intrigue chez David, c'est cette aura de mystère qui l'entoure et son regard si triste qui me donne envie d'être son amie.

Depuis ce jour, on ne se quitte plus, on se raconte tout.

Ses parents ont divorcé, il se sent déchiré et si seul. Ce qui explique son regard triste. Et pour ne rien arranger, sa petite amie est partie vivre en Belgique avec ses parents.

Il aime que je m'intéresse à lui, que je l'écoute.

Moi, j'aime cette impression d'importance qu'il me donne avec son regard bleu océan.

Arrive la fin du deuxième trimestre. Un mercredi, nous avons un bac blanc de philo. David me retrouve dans le préau après son épreuve.

— Si tu veux, cet après-midi, nous irons chez moi car je veux te faire découvrir quelque chose…

David ressent ce mal-être qui m'habite. Moi aussi, j'ai le regard triste.

Même si je suis inapte à le séduire parce que avec lui je dis des bêtises, je me barbouille de chocolat et je ris parfois comme une folle, il me dit que je suis une femme formidable !

Nous arrivons donc chez lui avec le bus qui nous ramène du lycée. Je regarde cette grande maison, encore en travaux, ce jardin où les plantations n'ont pas encore vu le jour.

Et là, il monte directement dans sa chambre, me fait signe de le suivre, va vers son bureau et en ressort une lettre.

— Voilà, je t'ai écrit. Tu liras plus tard, mais là, je vais te résumer en trois mots : je veux te remercier d'être mon amie après cette longue période de solitude. Je t'aime. Je t'aime pour ce que tu es et non ce que tu veux laisser paraître. J'aime ta force de caractère, mais sois moins « guerrière ». Sache aussi que tu es trop naïve, que tu parles trop et que des inconnus malintentionnés pourraient te porter préjudice. N'oublie pas aussi que le plus important est d'exister dans le cœur de ceux qui t'aiment. Pour finir, je sais que tu es quelqu'un de sensible et de spontané, toujours prête à tout donner aux autres, mais écoute mon conseil d'ami : ne donne pas trop ou regarde mieux à qui tu donnes !

Surprise par les révélations de David, je le prends dans mes bras pour le serrer fort, très fort. De cette façon, personne ne pourra m'enlever cet ami.

Encore une fois, je me rends compte qu'il n'y a rien de sexuel dans notre relation. Il y a juste deux êtres qui avaient besoin de parler, se sentant unis par la même sensibilité. Deux êtres qui ont les mêmes points d'interrogation sur la vie, et qui se sont trouvés.

David m'aide.

C'est très dur d'être dans le corps d'une jeune femme de dix-huit ans, mais d'avoir vécu tant de choses qui donnent l'impression d'avoir la maturité d'une femme de soixante-dix ans. C'est le seul adolescent que je supporte. Il me comprend. Pour des raisons très différentes, nous sommes semblables.

C'est difficile de s'entendre avec les jeunes, de les accepter tels qu'ils sont, gais et insouciants. Comme dit ma prof de philo, j'ai la « rage ».

— Ce n'est pas pour te faire la morale que je t'ai fait venir, mais pour t'aider à t'évader de ce monde.

Alors là, il me dit de m'asseoir sur le bord du lit et de fermer les yeux.

Je ne sais pas trop à quoi m'attendre... Surtout avec ce mystérieux David. Je n'ai pas peur, je lui fais confiance.

Je n'ai pas le temps de me poser des questions ou de réfléchir à toute cette mise en scène énigmatique que, déjà, j'entends la musique.

Le morceau terminé, David s'exclame :

— Là, c'était Clapton, maintenant, je te fais écouter Gary Moore, puis Cats Stevens et après Neil Young et son harmonica.

Dans cette ambiance magique, les heures passent.

David m'explique que cela s'appelle le « blues », et cette musique me transporte dans un autre monde.

Je m'allonge, je me détends, et plus rien d'autre n'existe que ce son qui me fait oublier rancœur, douleur et... handicap.

David m'a fait un cadeau inestimable : découvrir une musique qui me fasse oublier ce monde. Une musique où je vais dorénavant me réfugier dès que je veux être libre...

Le jour de la délivrance

Un an après l'accident... Juillet 1993

Aujourd'hui, c'est le jour le plus important de ma vie.

Je vais aller à Versailles pour chercher les résultats du baccalauréat. Après tous ces mois de lutte acharnée, je vais enfin pouvoir retourner sur ma planète... Enfin, si j'obtiens des résultats positifs au bac !

Je suis prête une heure à l'avance.

Je trépigne d'impatience et d'angoisse devant la porte de la cuisine, qui donne sur le jardin, en attendant que mon père descende.

Pendant ce temps, beaucoup d'événements se succèdent dans ma tête, comme un film passé au ralenti. Moi qui ai perdu la mémoire, j'ai maintenant des souvenirs de ces quelques mois de ma vie dans ce monde étrange. J'ai tout fait pour m'y adapter, au cas où je ne pourrais jamais rentrer chez moi.

Deux jours sont très présents, à cet instant, dans mon esprit : ceux où j'ai passé mes examens oraux pour le baccalauréat, l'anglais et l'allemand.

Il faut savoir qu'avec mon handicap, même si maintenant je peux à nouveau écrire, je suis très lente. J'ai donc droit à un tiers-temps supplémentaire. J'ai une attestation de handicap !

Lorsque je me suis retrouvée avec ce papier entre les mains, je ne savais pas ce que je devais dire à l'examinateur.

Cela a été facile avec la prof d'allemand. Après l'appel de mon nom par un surveillant, j'ouvre la porte et m'avance lentement vers elle.

— Bonjour madame, je dois vous remettre ce document avant de commencer.

Après en avoir pris connaissance, elle m'adresse un sourire rayonnant.

— Je vous en prie, allez vous installer là-bas. Ne stressez pas et faites de votre mieux, je vous préviendrai quand le temps imparti sera arrivé à expiration.

— *Danke*.

Quelques minutes plus tard, j'analyse le texte et le dessin, écris quelques mots clés et débute un exposé complet, sans me tromper. Je suis aussi à l'aise que si c'était ma langue maternelle.

— Je vous remercie et vous souhaite bon courage pour la suite de vos examens.

Pour l'oral d'anglais, cela s'est passé autrement : la prof, après avoir vu ma notification, n'a dû lire que le mot « handicapé ».

— Eh bien, pourquoi passez-vous votre bac si vous êtes handicapée ? Vous ne pourrez pas travailler de toute façon ! Et si vous avez besoin de plus de temps que les autres, c'est que ça ne sert à rien, laissez donc la place aux autres !

Je suis tétanisée, incapable de me concentrer et même d'écrire.

Mais je n'ai pas baissé les bras et suis restée dans la salle.

Le bruit du portail que mon père est en train d'ouvrir me tire de mes rêveries.

— Monte dans la voiture, ma puce, c'est le grand jour. On y va.

Je ne veux pas dire à mon père que je vais rentrer sur ma planète. Il serait trop triste. D'ailleurs, je suis excitée à l'idée de partir, et pourtant déprimée à l'idée de quitter ma famille à laquelle je me suis beaucoup attachée ! Mais, d'une façon comme d'une autre, je vais le retrouver puisqu'il a la même tête que « papa n° 1 ».

Le trajet ne prend qu'une heure, mais me semble durer une éternité.

Papa se gare, puis nous rentrons dans le hall du lycée. Des panneaux avec les noms par ordre alphabétique sont installés un peu partout ; avec, en face des noms, un numéro de salle.

— C'est la 303, allons-y.

Mon cœur bat à tout rompre.

Que va-t-il se passer ?

Je sais que c'est la clé pour retourner sur ma planète. C'est d'ailleurs dans ce but que j'ai remarché, reparlé, réappris à écrire, à lire et à compter, mais...

Est-ce que ça va faire mal ?

Est-ce que ça va aller vite ?

Je m'approche du bureau où se trouve l'homme qui a les résultats.

— Bonjour monsieur.

— Bonjour mademoiselle, veuillez épeler votre nom.

Pendant que je détache chaque lettre, je scrute ses yeux.

Après quelques secondes de recherche sur ses listes, il relève la tête, me tend un papier que l'on nomme familièrement « collante », et me dit :

— Félicitations, mademoiselle, vous êtes reçue avec de très bons résultats.

Je jette très vite un œil pour contrôler mes notes en langues vivantes et vois en gros : allemand 16/20 ; anglais 11/20.

Là, l'inexplicable se produit. Des flashs de ma vie m'arrivent de toutes parts. J'ai les yeux fermés et pourtant je ne sais pas dans quelle direction regarder. Je me vois à l'école primaire avant de partir en sortie au zoo, puis avec Marie-Aurore en train de jouer dans le jardin aux Indiens, puis la naissance de mon frère et enfin le mariage de ma grande sœur Sandrine. Dans mes visions, mes parents sont toujours à mes côtés.

Moi qui n'avais pas eu le temps de voir que je mourais, au moment de l'accident, je vois maintenant revenir les images de toute ma vie...

Je me retourne alors vers mon père, et lui dis :

— Papa, j'ai eu mon bac.

Je l'ai appelé « papa » et non « papa n° 2 ».

Je sais qui je suis.

Tout à coup, mon père pleure, et l'homme lui lance :

— Oui, ce sont de très bons résultats. Mais il n'y a rien de si exceptionnel !

Cet homme ne comprend pas la nature des larmes de joie de mon père. Peu importent les résultats du bac, j'ai retrouvé ma mémoire.

Mon père m'a vue rouvrir les yeux.

Retour vers le passé

Pendant le trajet vers la maison, je reste silencieuse. Mon père tourne de temps en temps la tête vers moi, comme pour m'écouter. Je ne dis rien. Je suis trop occupée à retrouver mon passé.

« J'ai eu mon bac », et tout s'est remis en place.

Mes jambes qui me font un peu mal me disent que l'accident a réellement eu lieu. Mon sourire qui se reflète dans le pare-brise me confirme que mon exil est fini. Je n'ai plus besoin de faire semblant.

Quand je franchis la porte de la maison, ma mère est derrière. Elle n'est pas longue à comprendre devant nos mines réjouies.

— Je l'ai eu, maman !

— Ma chérie...

Elle ne m'en dit pas plus, mais me serre dans ses bras avec une telle force que je comprends sa joie. Elle a les yeux humides. Elle non plus, je ne l'ai pas appelée « maman n° 2 ». Cela faisait si longtemps qu'elle ne s'était pas entendu appeler normalement par moi. Ils échangent un regard plein de connivence. Je n'en dis pas plus. J'ai besoin de calme et de solitude pour digérer tout ce qui vient de se produire. Je suis de retour chez moi...

Quand je monte l'escalier vers ma chambre, tout me semble neuf. Cette maison dans laquelle je viens de passer une année comme une étrangère, je la reconnais enfin ! Cet escalier me rappelle celui dans lequel je suis tombée en roulé-boulé quand j'étais petite. On venait de me retirer les plâtres que j'avais portés pendant quatre mois, du nombril au cou, une vraie momie ! Tout ça à cause d'une roulade qui a mal fini. Bref, je venais de passer tout l'été comme un petit bébé malgré mes cinq ans et demi, transportée par ma mère dans une vieille poussette, et je commençais tout juste à reprendre mes marques. Mon père, de retour d'un voyage d'affaires, ouvre la porte, pose ses valises et me fait un grand sourire, content de me voir déplâtré. Tout à mon enthousiasme, je me précipite du haut de l'escalier et... tombe la tête la première ! J'étais encore trop faible pour me permettre une telle course. Et voilà qu'il a fallu me ramener à l'hôpital quelques heures à peine après m'avoir libérée de ma gangue. Les médecins ont eu du mal à comprendre ! C'était reparti pour un plâtre à la jambe...

Arrêtée au milieu de l'escalier, je souris toute seule. En bas, mes parents me regardent sans comprendre.

— Tu as besoin de quelque chose, ma chérie ?

— Non, tout va bien !

J'ai senti un peu d'angoisse dans la voix de ma mère, comme chaque fois qu'elle se demande ce qui m'arrive. C'est pour ça, en partie, que je n'ai jamais insisté sur cette mémoire qui ne revenait pas. Pour ne pas entendre cette fêlure. Pour lui rendre la vie plus facile, elle qui s'inquiète à tout instant.

Il faut dire qu'elle en a vu, avec moi.

À la naissance, déjà, ma vie n'a tenu qu'à un fil. Je suis née le jour de l'anniversaire de ma grande sœur

Sandrine. Elle avait trois ans et moi un mois et demi d'avance, petite prématurée de moins de deux kilos.

Mes poumons n'étaient pas arrivés à maturation, ma peau ne s'était pas « durcie », et les os de mes hanches n'avaient pas fini de pousser. Au bout de plusieurs semaines passées dans une couveuse « bocal » où mes parents ne pouvaient me toucher, je n'avais toujours pas progressé. Il fallait faire quelque chose.

Mes parents ont demandé l'avis d'un de leurs amis, qui était médecin. J'avais développé un Leiner-Moussus (ma peau se décollait) et un empoisonnement du sang. Je commençais à ressembler à une drôle de chose !

J'avais maigri, je n'avais plus du tout de peau, mes chairs se retrouvaient à vif. Les infirmières m'avaient surnommée « le petit crabe ».

Cet ami a conseillé un autre hôpital à mes parents ; un établissement plus spécialisé dans les problèmes des enfants prématurés. Ce genre d'établissement était encore rare à l'époque, et ça a causé d'autres problèmes : un travail à deux heures de transport, une petite fille de trois ans dont il fallait s'occuper, le linge à laver à la main, les courses à faire quotidiennement, car mes parents n'avaient pas de réfrigérateur à l'époque, et enfin moi qu'ils venaient voir tous les jours sans exception…

Quelques semaines après, le petit crabe allait mieux… Mes parents ont décidé de me récupérer à la maison.

Maman a pris un congé sans solde pour me soigner à temps complet. Huit fois par jour, elle devait me plonger intégralement dans un bain de bleu de Milan additionné de quelques autres médicaments en poudre. Tous les jours, l'hôpital lui livrait des couches et des vêtements stériles car je devais être dans une « bulle ».

Tout cet amour et toute cette attention ont fait qu'à huit mois j'étais un peu fragile, certes, mais un bébé comme les autres. Finalement, j'ai appris très tôt la détermination...

Quand j'entre dans ma chambre, j'en ai des frissons. Me voilà dans mon refuge, entre les murs de cette pièce mansardée dans laquelle j'ai vécu tant de moments magiques... Je m'installe dans le fauteuil d'osier au milieu de la pièce et mon regard court sur tout ce qui m'entoure. Mon lit à la couverture claire, sur lequel j'ai passé de longues heures à pleurer ou à rêver. Le papier bleu des murs, avec les affiches que je me rappelle maintenant avoir choisies. Mes livres, qui couvrent tout un mur... Je souris toute seule. Je me sens si bien. Bien mieux que je ne l'ai rêvé pendant ces mois où j'espérais retrouver « ma planète ». C'est fait, et c'est un bonheur sans tache.

Peu à peu, je redécouvre mon univers. Tous ces petits riens que j'ai gardés de mon enfance et qui me permettent de me la remémorer. Ma Charlotte aux fraises par exemple, poupée à la mode à l'époque de mes huit ans, que j'ai désespérément voulue. Je la serrais dans mes bras avec fougue, aimant sentir le parfum de fraise qui faisait sa particularité.

En la retrouvant dans mon armoire, je la serre de nouveau contre moi, et il me semble bien qu'elle a gardé quelques effluves de fraise...

Avec quatre enfants, c'était parfois difficile de suivre les modes. Mais mes parents ont toujours trouvé le moyen de nous faire plaisir. J'en ai les larmes aux yeux quand je pense à tout ce qu'ils ont fait pour nous. Les jours heureux de mon enfance me reviennent. J'admire mes parents de nous aimer au point d'oublier leurs propres besoins.

Dans mon armoire, il y a aussi mes albums de photos. J'ai toujours aimé les remplir de tous mes bons moments. Ces derniers mois, je les feuilletais d'une main lasse, incapable de reconnaître quoi que ce soit. On me disait : « Tiens, voilà Untel ou Untel », et j'acquiesçais pour ne pas les inquiéter.

Aujourd'hui, je tiens un album sur mes genoux mais je n'ose pas l'ouvrir. J'ai encore une appréhension. Cette peur de repartir qui ne m'a pas quittée depuis ma sortie du coma. Et si ma mémoire s'effaçait comme elle est venue ?

Puis je me lance. Pas question de me laisser aller. Je dois avancer. Comme toujours.

« Bulldozer » ! Le mot m'est revenu d'un coup, en voyant une photo de moi enfant. Bulldozer. C'est comme ça qu'on me surnommait. J'ai toujours préféré jouer à la guerre plutôt qu'à la poupée. Je ne me suis jamais avouée vaincue.

En tournant les pages, je tombe sur une photo d'un de nos Noëls à Royan, chez nos grands-parents. Encore un moment plein d'émotions... J'avais huit ans. Pendant que mon papy ouvrait les huîtres, je léchais les coquilles consciencieusement, jusqu'au moment où j'ai eu très mal au ventre. Personne ne s'est affolé. Je suis allée m'allonger puis, pensant que c'était fini, je me suis relevée. Là, la catastrophe : j'ai vomi partout. Me connaissant, mes parents ont pensé que j'avais mangé trop de chocolat et que je faisais encore une crise de foie. Mais ma température est montée jusqu'à plus de quarante. J'ai commencé à délirer. Plus de tergiversations, nous voilà en route pour les urgences.

Appendicite avec complications : il faut opérer de toute urgence. Au réveil, je n'allais pas fort.

Une fois passé les premières heures, ça va mieux. Mes parents retournent à la maison donner des nouvelles et prendre du repos. De toute façon, je me suis endormie…

Quelques heures plus tard, ils poussent la porte de ma chambre délicatement, pour ne pas me réveiller.

Stupéfaction !

Il n'y a personne.

La panique dans les yeux, ils foncent au bureau des infirmières, pour savoir si l'on m'a changée de chambre.

Mais non.

Où suis-je donc passée ?

C'est le branle-bas de combat dans l'hôpital pendant un moment, jusqu'à ce qu'on me retrouve.

Non, je n'ai pas été enlevée.

Non, je ne suis pas en réa.

Non, je n'ai pas été changée de chambre.

Je joue juste dans l'escalier de service…

Le bulldozer est de retour : je saute sur les marches et me laisse glisser sur la rampe !

Ce souvenir me fait sourire. Je sais maintenant que ma ténacité ne m'a jamais lâchée. C'est mon caractère. Ma force me vient de là. Pour moi, il a toujours été naturel de me battre, d'aller de l'avant. Je ne vois pas cela comme un courage particulier, mais simplement comme une évidence. Enfant, une opération ne m'a pas empêchée de jouer. Adulte, je n'avais aucune raison de penser que je n'allais pas me relever.

Non seulement j'ai retrouvé mes parents, ma famille, mon univers, mais je me suis aussi retrouvée moi. La Krystel-bulldozer qui sait ce qu'elle veut et ne s'avoue jamais vaincue.

Plus j'avance dans les albums, plus mes sentiments sont mêlés.

Mes parents, mes sœurs, mon frère ont toujours été là. Me souvenir vraiment d'eux, retrouver tout ce qui nous lie ne fait que renforcer ce que je ressentais déjà : je savais qu'ils me voulaient du bien. Avec ces photos comme support de mémoire, je sais quels sont mes sentiments pour eux. Je me souviens de mon émotion à la naissance de mon petit frère – j'avais onze ans, et ça m'a tellement tourneboulée que j'ai eu mes règles pour la première fois ! Je sais pourquoi nous sommes si proches, Marie-Aurore et moi : je l'ai toujours considérée comme ma sœur jumelle... C'était ma complice, ma confidente. Quand l'une de nous deux ne va pas bien, l'autre le ressent immédiatement. Et j'ai toujours admiré ma grande sœur, longue, fine, belle et mystérieuse... Nos caractères tellement dissemblables nous séparaient dans nos jeux – elle était féminine tandis que je me comportais comme un véritable garçon manqué –, mais comme nous sommes unies...

Avec mes amis, c'est plus compliqué. Je n'en ai pas vu beaucoup à l'hôpital. Et dans les yeux de ceux qui sont venus, j'ai lu comme dans un livre. Ils avaient pitié. Ils pensaient que je ne serais jamais plus comme avant. Ils ont préféré s'éloigner. Peut-être avaient-ils peur de ne pas savoir comment faire ? Peut-être ne voulaient-ils pas regarder en face ce qui m'était arrivé ?

Quand je vois les photos d'avant, je sens une certaine colère m'envahir.

Celle-là, par exemple, où nous sommes en cercle, les uns appuyés contre une voiture, les autres assis sur une barrière. Nous sommes en short, c'est l'été, et nous nous apprêtons à partir en virée, sûrement pour nous baigner dans un étang proche. On sent à la fois notre insouciance et notre fierté de pouvoir mener maintenant une vie plus indépendante. Nous pouvons partir tous en voiture, sans les parents. Nous pouvons jouer aux grands...

L'histoire a montré que, manifestement, nous n'en avions pas encore la maturité. Il a suffi d'un pari stupide entre deux coqs pour que toutes les règles soient oubliées. Et pour que je me retrouve au fond d'un champ, morte.

C'étaient mes amis. Ils savaient qui j'étais avant. Mais ils m'ont laissé tomber. Pour moi, c'est comme une trahison. Je me souviens de notre dernière sortie tous ensemble. C'était une journée caniculaire. Nous étions allés nous promener en forêt. J'étais gaie et confiante dans l'avenir. Je ne savais pas que j'allais mourir quelques heures plus tard.

Un des seuls qui soient restés, c'est Jo. L'amour est le meilleur moyen de garder la mémoire, peut-être…

J'ai passé l'après-midi entier dans ma chambre, ce jour-là. Toute la famille a respecté mon besoin de solitude. Je me suis souvenue de la veille de l'accident. J'avais dix-huit ans, je devais passer ma première épreuve du bac quelques jours plus tard, j'étais heureuse, j'avais des projets.

Aujourd'hui, j'ai le sentiment que je vais reprendre ma vie là où je l'ai laissée. J'ai mon bac, et le reste va suivre. Malheureusement, ce ne sera pas aussi simple…

Repos forcé

8 juillet 1993

Mon train siffle.

Il est 8 h 20. Il démarre.

Et moi, je suis seule à bord.

À travers la vitre opaque, j'envoie des baisers à mes parents.

Je les distingue si mal. Est-ce dû à la saleté du carreau ou aux larmes qui emplissent mes yeux ?

Je leur souris. Je ne veux surtout pas qu'ils voient ma peine. Pourtant, c'est tellement dur ! D'ici quelques heures, je serai seule dans un endroit inconnu...

C'est un nouvel exil.

Longtemps après le départ, j'ai encore les yeux humides. La musique que j'écoute grâce à mon walkman ne m'aide pas à les garder secs. Tous mes morceaux préférés, ceux qui font revenir les souvenirs... Je suis encore très sensible à ma vie retrouvée. Un rien m'émeut...

Il fait si chaud que j'aimerais entrouvrir la fenêtre, mais il y a tant d'enfants que j'ai peur qu'ils n'attrapent froid. La maladie m'angoisse, et je ne voudrais surtout pas en être responsable.

Une petite fille d'une blondeur angélique est assise en face de moi. Elle me sourit. Elle a l'air si gentille... Son grand frère, lui, n'arrête pas de l'asticoter avec la fermeture Éclair de son gilet. La mère ne réagit d'abord pas, comme si elle attendait que cela s'arrête tout seul. Puis elle s'exclame :

— Ça suffit les enfants ! N'oubliez pas que moi aussi je suis en vacances ! Grand-père ne vous emmènera pas au lac si vous vous conduisez comme ça !

Cette remarque porte ses fruits. Le silence règne. J'ai instinctivement baissé le volume de ma musique. Comme si l'autorité de cette mère s'adressait aussi à moi. Je suis seule pour la première fois depuis longtemps, obligée de ne compter que sur moi. Voilà des mois que j'ai toujours quelqu'un à qui je peux faire appel. Aujourd'hui, c'est un saut dans le vide. On s'habitue tellement vite à être pris en charge. Même le lycée n'était pas si angoissant.

Au moment du changement de train, c'est la panique. Je n'avais pas imaginé que ce déplacement devait être effectué si rapidement. J'ai quatre minutes pour prendre ma valise, remonter le quai et trouver celui sur lequel je dois prendre le tortillard qui m'amènera à la montagne.

Je tire mon sac tant bien que mal. Un homme a vu mon embarras. Il s'approche, avec sa casquette bleue « SNCF à votre service », et m'adresse gentiment la parole :

— Bonjour mademoiselle, désirez-vous un fauteuil roulant pour traverser la gare ?

Je ne sais pas pourquoi je lui réponds sur ce ton sec :

— Non, pas besoin. Je vais bien. Vous ne voyez pas que je peux marcher ?

Et je reprends ma pénible progression. Je ne boite pas, mais chaque pas augmente un peu la douleur. Je serre les dents, aiguillonnée par le spectre du fauteuil roulant. Plutôt mourir que d'accepter. L'accident est derrière moi. Il n'est pas question de lui laisser la moindre place dans ma vie. Je tremble à la fois de fatigue et d'émotion. Je ne veux l'aide de personne. Je ne veux pas que l'on me propose un fauteuil. Comment sait-il qu'en fait, j'en ai besoin ?

Une fois installée dans le train, *in extremis*, je reprends mon souffle. Le paysage est magnifique, mais je ne le vois pas. Pour moi, tout est noir.

Un coup de sifflet me tire de ma torpeur. Cette fois-ci, j'ai tout mon temps, je peux descendre tranquillement.

Je scrute le quai : il n'y a personne.

Je cherche alors une ambulance : pas l'ombre d'une.

Il va falloir que je me débrouille, encore une fois. J'ai à la main le prospectus remis par le médecin.

Sur le parking, un bus est garé. Je m'approche du chauffeur et lui montre mon papier.

— Oui, j'y vais. Montez, je vous emmène.

— Et ma valise ?

— Je vais la mettre dans la soute à bagages.

Je grimpe les trois marches pour accéder à l'intérieur du véhicule et choisis un siège juste derrière le chauffeur.

Je n'ose pas regarder les autres passagers, tous ces gens qui me sont étrangers et me font peur.

Le chemin est de plus en plus abrupt, et je sens mes tympans se boucher. Je me pince le nez en soufflant fort. Ça commence bien… Si j'ai déjà des vertiges ici, qu'est-ce que ça sera là-haut ?

Après toute une série de virages plus impressionnants les uns que les autres, sur une petite route au milieu des sapins, nous arrivons.

Je regarde ce grand bâtiment blanc qui ressemble à un hôtel touristique. C'est comme une grande barre tournée vers la vallée, qu'elle domine. Objectivement, le cadre est très beau. Le bâtiment est entouré de pelouses et, plus loin, de hauts pins qui semblent cacher au monde l'existence de cet endroit. On ne le voit qu'à la dernière minute…

Le chauffeur descend et sort mon sac de voyage de la soute à bagages. Il me salue sans avoir omis au préalable de me réclamer cinq francs.

La traversée de l'espace qui me sépare de l'entrée, je la fais seule, en traînant ma lourde valise comme on tire un petit chien récalcitrant. Le hall est si spacieux que, pendant une seconde, je pense m'être trompée et être dans un club de vacances ! L'illusion sera de courte durée : des blouses blanches qui s'avancent vers moi me rappellent où je me trouve.

Oui, c'est un hôpital. Ou plutôt un centre de convalescence. Les médecins ont décidé de m'envoyer m'y reposer. Pour mon bien. Et pour celui de mes parents, à qui ils ont expliqué qu'ils avaient besoin de souffler, après une année aussi terrible.

Pendant toute la discussion, le médecin n'a regardé que mes parents, ne s'est adressé qu'à eux.

— Elle sera bien, là-bas. Elle ira à la piscine, rencontrera des jeunes de son âge et fera des séances de kinésithérapie tous les jours.

— Vous êtes sûr que c'est ce qu'il lui faut ? Cela risque d'être dur, sans nous…

— Ne vous inquiétez pas et croyez-moi, c'est pour son bien !

Il a assené cela avec le ton péremptoire des médecins. Mes parents lui font confiance – ils n'ont pas le choix. Depuis des mois, ils sont à la merci des diagnostics et des jugements de ceux qui savent tout.

De mon côté, je le fixe avec intensité, attendant qu'il me regarde. Mais il n'en fait rien. Comme si j'étais une enfant incapable de prendre part à la conversation. Il me juge tyrannique avec mes parents, à la maison. Il pense qu'il vaut mieux m'éloigner. L'argument médical est inattaquable…

D'un autre côté, je sais tout ce que mes parents ont fait pour moi. Je vois bien que ma mère est épuisée. Elle a besoin de repos. Ce qui me trouble, c'est de penser que je peux la fatiguer à ce point. J'ai fait des efforts constants pour apaiser ses inquiétudes. J'ai pris sur moi pour qu'elle ne mesure pas l'étendue de mes douleurs. J'ai essayé de la protéger, moi aussi...

Le dernier argument du médecin m'a sidérée.

— Après tout ce qu'elle a vécu, elle a besoin de se retrouver seule, face à elle-même...

Quelle ironie ! N'ai-je pas été suffisamment isolée pendant mon exil intérieur ? Cela fait à peine quelques jours que j'ai retrouvé totalement la mémoire. Il me semble que j'ai été assez longtemps « seule face à moi-même »...

Hier soir, Jo a essayé de me parler :

— Ne sois pas triste, c'est pour ton bien !

Il n'a trouvé que des mots pareils à ceux des médecins... Mon désarroi était tel que la chaleur de ses bras n'a pas réussi à me réchauffer. Ses paroles d'amour n'ont pas comblé le vide que je sentais grandir en moi. Puis il m'a laissée, là, devant le portail de mes parents, en me promettant un amour éternel, où que je sois. Je n'ai rien pu lui répondre. Je ne vois pas l'amour comme cela. J'ai besoin de sa présence, et non qu'il me dise que tout va bien se passer...

Je suis montée directement dans ma chambre, trop effondrée pour parler de mon départ avec ma famille.

Nous sommes partis très tôt ce matin pour arriver à temps à la gare d'Austerlitz à Paris.

Et me voilà devant le comptoir d'accueil, inquiète à l'idée de ces quelques semaines que je dois passer seule, loin de ceux que j'aime.

On m'attendait. On note mon nom, puis un infirmier saisit ma valise et me fait signe de le suivre. Le moins que l'on puisse dire, c'est que l'accueil n'est pas chaleureux. Je suis habituée à l'équipe de mon centre de rééducation, si encourageante avec moi. Quand j'arrive pour mes séances, je suis accueillie avec de grands sourires. Manifestement, ici, le confort psychologique n'est pas primordial.

Nous montons jusqu'au sixième étage, prenons un long couloir et nous arrêtons devant une porte.

Je ne peux retenir un « oh ! » de surprise en découvrant ma chambre. Elle est immense, avec une salle de bains attenante. Une télévision est fixée au mur face à mon lit et dans un coin sont installés un petit bureau et une chaise. Un grand placard à portes coulissantes se trouve près de la fenêtre. En m'y dirigeant, je découvre le clou du spectacle : un balcon ! Et une chaise longue !

L'infirmier me laisse après m'avoir confié les clés de mon nouveau domaine.

Avant toute chose, je veux profiter du panorama.

Une cigarette à la main, je m'installe devant le paysage somptueux qui s'offre à ma vue. La vallée, la ville toute petite, en bas, et, à hauteur de mes yeux, les sommets enneigés de la chaîne du Mont-Blanc. Il fait plus de trente degrés, ici, et là-haut les neiges éternelles brillent. Un sentiment de liberté s'empare de moi. Je respire à pleins poumons – entre deux bouffées de cigarette – et je commence à me dire qu'en fait, les médecins ont peut-être eu une bonne idée.

Mon enthousiasme va être de courte durée…

Le temps de m'installer, l'heure du dîner est déjà arrivée. Je descends donc dans le hall et me dirige vers la salle de restaurant en suivant les indications sur le mur.

De nombreuses personnes ont déjà pris place dans cette pièce très spacieuse. Des tables rondes pour quatre personnes encerclent un buffet où se trouvent les boissons, les condiments et le pain.

Une infirmière s'approche de moi.

— Mademoiselle ?

— Oui ?

— Nous vous avons installée à cette table-ci, avec des personnes qui suivent un régime, comme vous.

— Mais quel régime ?

Ma question reste en suspens car elle est déjà repartie vers quelqu'un d'autre !

Je m'assieds donc à la table et, après avoir dit bonjour à mes voisines, je les observe en attendant que le repas nous soit servi. L'une d'entre elles tient son doigt où perle une goutte de sang. Je lui demande :

— Vous vous êtes blessée ?

— Non, c'est pour mon diabète, je viens de me tester.

La personne en face de moi est une dame très forte qui dit tout à coup :

— À ce régime, j'vais pas t'nir, faut m'nourrir, moi !

On nous sert des plats sans assaisonnement, absolument insipides, et agrémentés de nombreux légumes verts. Je ne peux m'empêcher de glisser des regards en coin vers les autres tables. Ce qu'on leur apporte a l'air nettement plus appétissant !

Je n'ose pourtant rien dire. Le personnel est affairé, sec. Pas le temps d'une question, ni même d'une parole aimable.

Les personnes qui se trouvent à ma table sont toutes assez âgées. Nous n'avons pas grand-chose en commun, si ce n'est cette nécessité de prendre un repos forcé. Évidemment, elles me demandent tout de suite ce que je fais ici et pourquoi je dois suivre un régime. Sur ce dernier point, je ne peux pas leur répondre. Je ne pèse que cinquante-six kilos, et mes analyses sanguines sont bonnes. Je leur raconte en deux mots les raisons de ma présence, et leur réaction me rassure. Elles comprennent ce que j'ai traversé. Elles m'encouragent à tenir le coup...

Le lendemain, je suis décidée à aller voir un médecin pour comprendre pourquoi on m'a mise à cette table, et obtenir une modification de l'organisation. Mais une rencontre va me faire changer d'avis...

En attendant de pouvoir voir quelqu'un, je me dirige vers la salle de jeux-cafétéria – une petite pièce avec quelques tables pour boire un café, et au fond de laquelle trône un baby-foot.

Au premier coup d'œil, mon cœur bondit. Génial ! Je ne suis pas la seule jeune ici ! Deux garçons sont là, qui semblent avoir moins de vingt-cinq ans ! Je ne fais pas attention à leur allure bizarre, tellement je suis contente de voir des gens qui s'approchent de mon âge.

Je les aborde immédiatement :

— Salut ! Vous aussi on vous fait faire une cure de repos ?

Le premier me répond :

— Ouais... C'est cool ici, parce que nous, on est en maison de redressement. Moi, je suis toxico. Enfin, ex-toxico. C'est pour finir ma cure que je reste ici.

Et l'autre renchérit :

— Ben moi, c'est après la taule... c'est là-bas que j'ai attrapé cette putain de tuberculose. Ils m'ont envoyé à l'hosto et maintenant dans ce trou à rats pour me remettre complètement !

— Mais t'inquiète pas, si t'es gentille, on t'emmerdera pas ! concluent-ils en chœur.

Je n'ai qu'une idée, c'est d'être gentille, effectivement, sans savoir vraiment ce qu'ils entendent par là. J'essaie de parler encore un peu avec eux, pour ne pas donner l'impression de fuir, mais ils me font peur, jeune et innocente que je suis. J'avoue ne plus avoir très envie de leur compagnie. Finalement, je suis bien à ma table de vieilles dames. Je ne vais pas demander à changer. J'ai une excuse en or pour me tenir loin d'eux...

Ça m'a vaccinée de chercher de la compagnie, cette histoire.

Les journées passent, plus ennuyeuses les unes que les autres. Je ne sais pas où le médecin qui a parlé à mes parents est allé trouver son histoire de piscine et de kiné, mais je n'ai rien vu venir.

L'essentiel de mes journées est occupé à des promenades – selon mes modestes possibilités. Malgré le paysage magnifique, je ne vais pas très loin. Aucun autre moyen de transport que les jambes, et les miennes ne sont pas encore très vaillantes. Mes buts sont le tabac, pour acheter mes cigarettes, l'épicerie, qui me fournit des collations bienvenues, et les cascades, en contrebas du centre.

Ma sortie préférée, c'est la cascade, qui s'écoule dans un petit étang où l'eau verte magnifique me donne l'impression d'être dans un dessin animé. J'aime aussi me retrouver dans la petite chapelle du village : c'est le seul endroit où la solitude ne me dérange pas. Je ne me sens pas seule et je me crois protégée.

Après avoir marché pendant une heure sur les sentiers bordant la route, je me retrouve enfin dans ma chambre.

Je m'allonge sur le lit. J'ai faim.

Je prends un livre, puis le ferme.

J'allume la télé, puis l'éteins.

Je sors sur le balcon, puis rentre aussitôt.

Je ne me sens pas bien. En fait, c'est une prison dorée. Je ne suis pas libre de mes mouvements puisque je suis piétonne. Je ne parle à personne et je m'ennuie... J'ai l'impression de perdre mon temps, moi qui ai tellement envie d'en passer avec ma famille retrouvée.

Ici, c'est comme une parenthèse. Pour l'instant, c'est une parenthèse presque neutre. Mais bientôt, je ne vais plus tenir.

La chose la plus importante pour moi, ici, c'est le courrier. Tous les jours, je guette de mon balcon le facteur qui arrive vers 11 heures, et je suis sûre qu'en descendant à l'accueil, il y aura une missive pour moi !

J'appelle mes parents tous les soirs, mais je n'ose pas leur parler de ce qui se passe ici. Je n'ai pas oublié ce qu'a assené, assez brutalement, le médecin : eux aussi ont droit au repos. Je me dis que ça doit leur faire du bien de ne pas m'avoir sur le dos quelques semaines.

J'essaie de prendre sur moi le plus possible.

Mais mon ventre me rappelle tout le temps que je n'ai pas assez mangé. Mais je me sens prisonnière, car mes jambes ne me permettent pas d'aller marcher tous les jours. Ayant peur des rencontres que je pourrais faire dans les couloirs déserts, je reste confinée dans ma chambre. Je comprends maintenant pourquoi elle est si spacieuse !

Un jour, la coupe est pleine. Un dernier événement va délier ma langue.

En allant sur mon balcon prendre l'air, j'entends un drôle de bruit sur ma gauche. Les balcons sont séparés par du verre dépoli et, pour voir ce qui se passe, il faut pencher la tête franchement. Je décide d'être curieuse et me penche pour me redresser aussitôt, le rouge aux joues. Ma voisine est en train de faire l'amour avec un homme dont je n'ai pas eu le temps de voir le visage. Ma stupeur est telle que, sans m'en rendre compte, je pousse un petit « oh ! ».

Et là, surprise !

Mon autre voisine s'est penchée à son tour et m'observe.

— Salut la nouvelle, t'en veux un ?

— Un quoi ?

— Ben, un préservatif ! Ici, tu vas en avoir besoin...

— Non merci.

Et je rentre, outrée, dans ma chambre. Mes larmes commencent à couler. Je me sens plus que jamais en pleine insécurité. Je suis tombée dans un monde qui me fait peur, loin de tout, sans moyens de fuir... C'en est trop...

Le soir, comme à mon habitude, j'appelle mes parents vers 20 heures. J'ai tenté de me calmer pour ne pas les inquiéter. Ils me posent des questions sur ma santé, sur mon moral. Je fais face vaillamment.

— Demain, c'est ta fête, ma chérie, me dit ma mère. Pour la première fois, nous n'allons pas la passer ensemble, mais nous te préparons une surprise pour ton retour.

Brusquement, je visualise ma famille, qui prépare les vacances à Royan comme chaque été depuis des années, renouant avec les mille et un rituels de toute famille qui se réunit...

Et là, je craque.

Je leur dis tout.

Je n'arrive pas à m'arrêter de pleurer. Ils ont du mal à comprendre mes mots entre deux hoquets.

— En plus, je ne peux plus regarder les sommets ensoleillés. Ça recommence. J'ai peur qu'ils m'aspirent...

Cette vieille hantise est revenue depuis quelques jours. J'ai ressorti mes lunettes de soleil et je garde la tête baissée. J'ai l'impression que si je regarde le ciel, ou si je laisse la clarté m'envahir, je vais être aspirée, me retrouver hors de mon corps comme au moment de l'accident et pendant mon coma. « Je vais rester collée au plafond », selon l'expression que je ne cesse d'employer. Je crois que c'est l'insécurité que je ressens si fortement qui m'a déstabilisée.

Mes parents font tout ce qu'ils peuvent pour me réconforter. Puis ils me souhaitent bonne nuit.

Je raccroche.

J'allume la télé, puis m'endors devant. Encore un réflexe de l'hôpital qui revient. Ce besoin de bruit constant pour lutter contre un silence pesant.

Le lendemain matin, vers 8 h 30, on frappe à ma porte. J'enfile mon peignoir. Ce doit être le plateau du petit déjeuner.

J'ouvre la porte.

Un miracle s'est produit !

Je pleure de joie.

— Bonjour papa.

— Bonne fête, ma chérie. Fais ta valise, je te ramène à la maison.

Pendant les longues heures du trajet, je ne cesse de remercier mon père, épuisé par le trajet de plus de mille cinq cents kilomètres que cela représente pour lui. Il est parti hier soir, aussitôt après avoir raccroché, et a roulé toute la nuit.

C'est le plus beau cadeau de fête que mon père pouvait me faire.

Jamais de ma vie je n'oublierai cette journée…

Les études

Septembre 1993

Elle n'en finira jamais, cette route. Il fait chaud sous le soleil de septembre. Les autres sont déjà loin devant. N. est restée avec moi. C'est bien la seule qui se soucie de mes difficultés. Je souffre à chaque pas mais je ne dis rien, tendue vers mon but : faire ces trois kilomètres à pied sans me faire – trop – remarquer... J'ai la « rage d'y arriver », comme le disait sans cesse ma prof de philo pendant mon année de terminale.

Depuis quelques jours, j'ai commencé un BTS commerce international. Et là, c'est le week-end d'intégration, traditionnel rendez-vous des anciens et des nouveaux. On ne parle plus de bizutage, c'est passé de mode dans ces écoles, mais il faut tout de même montrer qu'on est de bonne volonté. Les anciens ont préparé toute une série d'épreuves auxquelles nous devons nous soumettre sans rechigner. Par exemple vendre des préservatifs dans la rue, ou encore des feuilles de papier-toilette. On ne peut pas dire que ça m'amuse beaucoup, mais il faut en passer par là. Comme d'habitude, je n'ai qu'un objectif : montrer que je peux le faire. Même si rester debout m'est vraiment pénible, je joue mon rôle.

Le gîte se profile enfin. Il ne me reste plus que quelques dizaines de mètres à parcourir et je serre les poings pour ne pas flancher. Je sens que mon amie, à mes côtés, commence à en avoir assez de cette allure d'escargot. Elle aimerait bien être avec les autres qui sirotent déjà une boisson bien méritée. Mais elle reste près de moi et je lui en suis vraiment reconnaissante ! Ce n'est pas tous les jours qu'on fait une rencontre pareille. Notre amitié est en train de naître, elle va durer plusieurs années.

Le choix de ce BTS s'est fait un peu par défaut.

Mon rêve, c'était le droit. Je voulais être avocate ou juge, défendre la veuve et l'orphelin. Je me suis heurtée une première fois à la réalité. Le droit demande un apprentissage « par cœur » important, ce qui me pose des problèmes insurmontables. Je l'ai bien vu lorsque j'ai préparé mon bac, l'année dernière. Je faisais des fiches détaillées, que j'apprenais au mot près. Lorsque ma mère me faisait réciter, le soir, je connaissais tout sur le bout des doigts. Et le lendemain matin, plus rien ! Comme si une gomme avait tout effacé de mon cerveau pendant la nuit. J'avais beau recommencer inlassablement, il n'y avait rien à faire. D'autant plus rageant que pour d'autres matières, je n'avais aucun problème. L'allemand, par exemple, où le « par cœur » est aussi important. Listes de vocabulaire, règles de grammaire, déclinaisons : tout cela restait gravé dans ma tête. J'ai eu 16 au bac ! *Idem* pour les mathématiques financières et la comptabilité. C'est à n'y rien comprendre. En fait, on m'expliquera plus tard que selon les matières, ce ne sont pas les mêmes zones du cerveau qui travaillent. Avec mes nombreux traumatismes, ma mémoire est en dents de scie…

Bref, j'ai dû renoncer au droit, bien à contrecœur.

Ma deuxième idée, c'était de devenir assistante sociale. Toujours cette envie d'être utile, d'aider, de faire avancer les choses. Là, c'est mon moral qui a été un obstacle. La conseillère d'orientation du lycée, à qui j'en ai parlé, a été assez directe avec moi :

— Assistante sociale, c'est un métier qui demande des nerfs d'acier. On est confronté à des situations toujours difficiles... a-t-elle attaqué.

— Je sais. Mais je sens que c'est ce qu'il me faut. Je veux être utile...

— On ne peut pas aider les autres si soi-même, on est en position de fragilité.

— Mais je suis remise. Ça va, maintenant !

À cette dernière phrase, elle n'a pas répondu tout de suite. J'ai senti qu'elle cherchait ses mots.

— Krystel... On ne peut pas dire que vous soyez en pleine possession de vos moyens. Vous faites preuve de beaucoup de courage, mais vous vous fatiguez plus vite que les autres. Vous avez besoin de calme. Si on vous bouscule, serez-vous capable de faire face ?

Je n'ai pas répondu. Au fond, j'ai compris qu'elle avait raison, même s'il m'a été très difficile de l'admettre. J'avais beau fanfaronner et vouloir tout faire comme tout le monde, je sentais bien que par moments j'étais proche de la rupture. J'étais tellement fatiguée ! La douleur presque permanente, la difficulté de faire certains gestes... Et puis ce décalage que je sentais avec les jeunes qui m'entouraient. J'avais toujours cette impression d'appartenir au troisième âge.

J'ai donc choisi le BTS de commerce international. L'avantage, c'est qu'il est dans mon lycée. Je reste en territoire connu. Ma mère peut me déposer tous les matins, les professeurs me connaissent... J'ai tout pour me sentir bien.

Tout, sauf mes camarades.

L'année dernière, je les regardais avec une sorte de distance. Je n'étais pas sur ma planète. Ils faisaient partie du décor, même si je ne pouvais pas m'empêcher de les invectiver quand leur attitude me semblait trop puérile. Cette année, je suis confrontée directement à eux. Plus d'extraterrestres derrière lesquels se réfugier. L'image qu'ils me renvoient, je préférerais ne pas la voir.

Quand j'atteins enfin l'hôtel, après trois kilomètres de marche à pied, en ce week-end d'intégration, je suis vraiment découragée. Ils sont tous au courant de mon accident, de mes difficultés. Personne ne me pose de questions pour savoir comment je me sens. Quand on a dix-huit ans, on est bien loin de se préoccuper des difficultés éventuelles d'une camarade. Et puis, c'est un week-end de fête, ils n'ont pas envie d'être rattrapés par des sujets plus graves. Rien, dans l'organisation des deux jours, n'est fait pour me faciliter la vie. Ils ne veulent tout simplement rien voir. Ils sont jeunes, insouciants. Pour eux, la vie doit se plier à leurs désirs, en fait. Et ce qui peut empêcher de s'amuser comme on le veut, on ne le voit pas.

Je ne leur en veux pas vraiment. Mais je me sens très seule. D'autant plus seule que j'essaie au maximum de faire oublier ma différence. Je prends sur moi. C'est aussi ça, sûrement, qui brouille les cartes. Je voudrais qu'on fasse attention à moi, mais j'évite de me plaindre, car je veux absolument être comme tout le monde. Pour moi, il n'est pas question d'assumer l'étiquette de « handicapée ». Si j'ai encore mal, dans ma tête, ce n'est rien de définitif. Au fond, il faudrait lire dans mes pensées et dans mes douleurs pour s'adapter…

L'année scolaire commence à un rythme soutenu. Fini le lycée, nous martèlent les professeurs. Maintenant, nous nous formons pour devenir des professionnels. Nous entrons dans l'âge adulte.

Je prends mes cours très au sérieux, toujours concentrée, toujours présente. Je suis consciente de préparer mon avenir, et je le fais avec autant de persévérance que j'en ai mis dans ma rééducation.

Il est temps de passer à autre chose. L'accident est derrière moi. Je suis remise – c'est ce dont j'essaie de me persuader.

Cela fonctionne à tel point que le retour de manivelle va être particulièrement violent.

Il va me laisser sur le carreau pendant de longs mois.

La dépression

Janvier 1994

Ça a commencé par des douleurs plus fortes que les autres. Comme un signal d'alarme du corps, pour moi qui ne veux pas entendre ceux de l'esprit.

Peu à peu, ça a progressé. Je suis devenue de plus en plus silencieuse. J'ai eu de plus en plus mal quand je marchais. Je me suis renfermée sur moi-même, comme pour me concentrer sur les dernières forces qui me restaient. Et puis, un jour, j'ai eu tellement de mal à me lever que j'ai tiré la sonnette d'alarme.

Me voilà de retour au centre de rééducation. On va refaire un bilan complet. Le BTS, c'est fini pour cette année.

Je suis au fond du gouffre. Mes efforts ne paient pas, et je ne comprends pas pourquoi. Ça fait des mois que je progresse. J'ai tout réappris – à marcher, à parler, à apprendre… Et me voilà de retour à la case départ. Au centre de rééducation. À refaire des exercices que j'ai déjà faits des milliers de fois. À endurer des douleurs que je croyais avoir définitivement vaincues.

Pour les médecins, ce n'est pas une surprise. Ils ont toujours pensé que reprendre des études était au-dessus de mes forces. J'ai presque l'impression qu'ils sont contents que les faits leur donnent raison – bien sûr, ce n'est pas le cas, mais j'en veux à la terre entière. Cette régression, c'est comme une trahison. Trahison de mon corps qui refuse de m'obéir, trahison de mon moral qui flanche, trahison de la médecine qui est incapable de m'aider...

De retour chez moi, je m'enferme dans ma chambre. Assise dans mon fauteuil rond en osier, je fixe le mur. Et je rumine.

Le bilan n'est pas fameux...

Je n'ai pratiquement plus d'amis.

Il me reste Jo, mon petit ami, qui vient me voir régulièrement. Les relations ne sont pas toujours simples. Ce que m'a dit ma sœur Marie-Aurore il y a quelques semaines m'a plongée dans la perplexité. Selon elle, avant l'accident, je m'apprêtais à le quitter.

— Tu en avais assez, m'a-t-elle dit. Tu étais toujours la seule fille dans un groupe de garçons. Tu t'ennuyais...

Même si je ne m'en souviens plus, ce qu'elle m'a dit ne m'a pas étonnée. Je sens bien que ce qui me lie à Jo n'est pas forcément de l'amour. En fait, je me persuade que je suis amoureuse pour cacher le désarroi qui me pousse à m'accrocher à lui. Je me sens fragile. Je n'ai pas envie d'être seule, mais je me sens incapable de plaire. Je doute tellement de moi que je préfère ne pas regarder ce qui ne fonctionne pas dans notre couple plutôt que de risquer de le voir voler en éclats.

Le seul autre garçon avec qui je parlais, David, est parti à l'autre bout de la France. Il me manque énormément. Les coups de téléphone que nous échangeons de temps en temps ne nous permettent pas de retrouver la complicité que nous avions pendant notre année de terminale. L'éloignement physique est plus fort...

N., même si nous ne nous côtoyons plus en cours, reste ma meilleure amie. Je la vois le plus possible, malgré le fait qu'elle et Jo n'entretiennent pas de bons rapports.

Et, bien sûr, il y a Marie-Aurore. C'est un roc dans ma vie. Depuis que je suis « revenue », nos liens sont encore plus forts. Sa gentillesse me touche au plus profond, malgré la dépression qui me coupe de ceux que j'aime. Car j'ai mis du temps à l'admettre, mais c'est bien une dépression qui me terrasse, en plus de ce corps qui se dérobe.

Mes parents, ma famille sont plus importants que tout. Ils ont une patience d'ange. Ils font tout ce qu'ils peuvent pour moi, mais je ne suis pas capable pour autant de sortir de mon inertie. Peut-être même que j'en profite aussi. Je peux être tyrannique, comme les médecins me l'avaient déjà reproché au moment de m'envoyer dans le centre de convalescence, cet été.

Je n'y peux rien.

Trop d'idées noires m'assaillent pour que j'arrive à réfléchir sereinement.

Deux questions reviennent sans cesse : comment définir ma vie ? Pourquoi suis-je revenue de la mort ?

Depuis mon « retour », je sais que l'accident a bien eu lieu. Je sais aussi que tous les souvenirs que j'ai de ma mort et de mon coma sont réels. Quand j'ai décrit mes souvenirs aux personnes qui ont assisté à ma mort, elles m'ont confirmé que ça s'était passé ainsi. *Idem* pour les souvenirs de mon coma. J'ai vu les personnes à côté de moi, j'ai pu décrire les vêtements de mes parents, rapporter leurs paroles. Ça impressionne tout le monde, moi la première.

Depuis cette expérience, mes convictions religieuses ont été renforcées. Ça fait longtemps que je fréquente l'église.

Cela a commencé pendant mon enfance. Avec mes sœurs, Sandrine et Marie-Aurore, nous attendions chaque fin de semaine avec impatience. En effet, nous avions trouvé un moyen de nous donner des émotions fortes grâce à notre imagination débordante… Nous habitions, à l'époque, un village de campagne. La route que nous devions emprunter pour rejoindre l'église nous forçait à passer devant la maison de Landru, le célèbre tueur de dames du début du siècle. Au fur et à mesure que nous approchions de la sinistre demeure, nous frissonnions d'une peur délicieuse. Et si quelque fantôme venait à se montrer ? Et si le spectre du tueur sortait soudain de la maison abandonnée ? Nous prenions notre temps pour arriver à l'église, étions pressées d'en sortir pour repasser devant la maison des horreurs…

Peu à peu, j'ai oublié la maison de Landru pour me concentrer sur l'office religieux. J'ai mieux écouté le prêtre. J'ai commencé à vivre réellement une foi à laquelle, au fond, je n'avais pas vraiment pensé jusque-là. C'est normal, je quittais l'enfance…

Depuis ma « mort », je sais qu'il y a quelque chose après. Je n'ai vu personne, mais j'ai vécu cette sensation de plénitude, cet amour, cette joie qui remplissent tout… D'après mes souvenirs, dans la mort, on progresse, on cherche son chemin. Le mien m'a ramenée au monde des vivants. Cette progression est une découverte de chaque instant. C'est une connaissance intime, souvent difficile à partager, mais qui me porte.

Je n'ai plus peur de mourir.

Dans ces jours sombres, je me demande pourquoi je suis encore là.

Je tourne la tête vers la fenêtre et, assise confortablement sur l'épais coussin de mon fauteuil, je regarde le ciel noir.

Ce ciel aussi noir que les idées qui se mélangent dans ma tête.

Alors, je prends une feuille de papier et j'écris. Je m'écris…

Lundi 10 janvier 1994

La vie est si injuste, j'ai beau penser au bonheur, je n'y crois plus. Mais y ai-je seulement déjà cru ? Oui, c'est possible avec l'insouciance de la jeunesse. Mais j'ai eu une si désagréable vérité : il faut payer si cher pour quelques instants de joie : la honte d'être infirme, d'être dépendant des autres, un cœur brisé, un dégoût de la vie.

Je ne veux pourtant pas refouler les pensées qui sont depuis si longtemps ancrées en moi. Je veux juste faire abstraction de tous ces sentiments qui nous coûtent si cher.

Pourquoi se déchirer mutuellement alors que dans notre subconscient, notre « moi » philosophique aime encore l'autre ? Pourquoi ne pas se défouler physiquement, alors que d'autres ne peuvent plus ? C'est pourtant si beau de dévaler les escaliers quatre à quatre sans tomber. Tant de questions qui ne trouveront jamais de réponses…

La vie est-elle si complexe, ou l'être humain si désemparé en lui-même qu'il en perd la faculté d'aimer l'autre sans le faire souffrir ?

J'ai fait une promesse. Pour qui, mais surtout pourquoi ? Peut-être que même si je n'en fais pas cas, mon subconscient s'inquiète encore de la peine que les autres peuvent ressentir.

Alors, j'ai promis de ne pas mourir. Mais qu'est-ce qui me raccroche concrètement à la vie ? Pas l'espoir de connaître à nouveau le bonheur un jour. Ne plus aimer, ne plus bouger quand on veut. Quoi de plus dur pour une personne imprégnée de la vie ? Alors, il faut tenir, même si c'est en vain, pour ne plus jamais rien faire, ne plus ressentir…

J'ai envie d'être méchante, alors qu'au fond de moi demeure un sentiment si fort de bonté. Encore un aspect si complexe de la race humaine. Mais faut-il se poser tant de questions ? Oui, mais seulement au fond de moi.

Le monde est-il si injuste, ou est-ce seulement la vie qui pourrit tous ces instants de bonheur qui n'existent en fait jamais réellement pour quiconque ?

Faut-il espérer un geste du destin dans la vie future ? Pas pour moi.

Comment continuer à croire les mensonges qu'on s'est inventés sur une vie heureuse, partout, avec tout le monde, quand on a entrevu un semblant de vérité ?

Maintenant, pour tous, il faut continuer. Avoir envie de vivre pour les autres, pas pour soi. C'est tabou de vouloir mourir, et surtout ça détruirait la vie des autres. Voilà pourquoi j'ai fait la promesse de ne pas essayer, ni même de vouloir mourir...

Mardi 11 janvier 1994

Comment, mais surtout pourquoi, continuer à sourire ? Peut-être pour ne pas paraître trop désagréable aux autres. Peut-être aussi pour honorer une des clauses de ma promesse. C'est pourtant machinal.

On ressent un vide, pas de quelqu'un ni de quelque chose. Du désespoir aussi...

Le désespoir, c'est juste d'attendre que notre présence physique ne soit plus indispensable, vitale aux autres.

Je repense à l'époque où, physiquement, mon corps était indépendant. L'époque où je possédais la joie, je connaissais le bonheur. L'époque où j'arrivais à avoir envie d'aller vers les autres.

Mais plus maintenant. Là, je veux être seule. Je peux avoir des conversations sur l'absurde, maintenant ! Je ne trouve plus cela étrange. Je pense que ça ressemble tout naturellement aux gens.

Un être humain peut être détruit si vite. Il est vite gai. Il est vite triste. La tristesse ne reste pas indéfiniment, elle fait place à l'amertume, l'indifférence. L'être humain devient insaisissable, un peu comme moi.

Pourquoi montrer ses sentiments ? On ne peut pas dire qu'ils ne sont pas gais, puisqu'ils n'existent plus vraiment. Ils sont durs, graves, inexprimables car inexprimés...

J'ai du mal à m'accepter.

Je ne veux pas croire que j'ai réellement un handicap, pourtant chaque effort physique me ramène à la réalité. Pas plus tard que ce matin, en traversant le jardin pour prendre le courrier dans la boîte aux lettres, j'ai été mise devant le fait accompli : après ces quelques pas, je suis revenue à la maison épuisée. Il m'a fallu faire une sieste. Pour vingt pas !

J'ai dû renoncer à mes rêves de carrière.

Ces échecs me dépriment.

Je ne me donne pas le droit de rater ce que j'entreprends, mais, pour le moment, je ne peux rien entreprendre. Je m'en veux tellement !

Et puis je suis lasse.

Lasse de ces visions que j'ai sans cesse. Des accidents de la route, par exemple, que je vois avant qu'ils n'arrivent. Quand j'en parle, on rit. On me prend pour une folle. Mais ils se déroulent comme je l'ai raconté. Du coup, les rires cessent... On me croit. Et moi, j'ai peur !

Devant ce marasme, et avec l'appui des médecins qui me suivent au centre, ma mère décide de prendre rendez-vous pour moi chez un psychiatre. Elle m'y dépose, restant dans la voiture le temps de la consultation.

Le moins que l'on puisse dire, c'est que je suis cueillie à froid !

Dans le cabinet sans âme, deux personnes m'attendent. Moi qui croyais avoir droit au secret médical, j'en suis pour mes frais.

Sans s'être présentée et avec un ton sec comme du bois qui craque, l'une d'elles me lance :

— Asseyez-vous.

À peine suis-je assise qu'elle enchaîne, sur un ton tout aussi cassant :

— Comment se passent vos rapports sexuels avec votre petit ami, si vous en avez un ?

Je reste d'abord sans voix. Comment peut-on poser de but en blanc une question pareille ? Je sens la moutarde me monter au nez.

— Ça ne vous regarde pas.

— Ah bon ?

— Je suis ici parce que je suis dépressive, parce que je n'accepte pas de ne plus jamais pouvoir courir.

— Oui…

Malgré son ton peu engageant, je continue sur ma lancée :

— Je pleure tout le temps et je ne supporte plus les jeunes de mon âge !

Sa repartie me choque :

— Mais vous serez triste à vie. Il faut apprendre à vivre ainsi. Finis les rires naïfs…

Là, je reste sans voix. C'est ça, le soutien psychologique que l'on me propose ? Les cinq minutes suivantes, elle continue son discours sur la fatalité.

Résultat : je sors en claquant la porte.

J'ai réussi à tenir le coup devant ces deux femmes, mais, une fois dans la voiture, je craque. Entre deux sanglots, j'essaie de parler à ma mère. C'est vraiment difficile pour moi. Dans la famille, nous sommes très unis, mais certains sujets restent tabous. Notamment ce qui concerne la vie intime. Jamais je n'ai parlé de quoi que ce soit avec ma mère. Même la pilule, je me suis débrouillée pour me la faire prescrire sans son aide.

Là, d'un seul coup, toutes les barrières sautent. Je lui explique mes difficultés avec Jo, la façon dont mon corps me trahit, mes doutes... Tout en parlant, je me demande comment elle va réagir. Je suis inquiète, mais rien ne peut m'arrêter maintenant.

Ma mère a une réaction que je n'oublierai jamais : elle me prend dans ses bras et me rassure. Elle me dit que ce que je vis est normal, que je ne dois pas m'inquiéter, que ma vie intime va rentrer dans l'ordre. Elle, si pudique, me parle librement. C'est le moyen qu'elle a trouvé pour m'aider. Ça fonctionne. Dès le lendemain, je sens que ça va mieux.

Ma rencontre avec ces deux psychiatres m'a dégoûtée d'entamer une nouvelle démarche. Je continue mes séances de rééducation – orthophonie, kinésithérapie, psychomotricité –, mais pas question d'aller consulter un nouveau psy.

Quelque temps après, dans la salle d'attente de mon orthophoniste, je fais une rencontre étonnante. Nous ne sommes que deux, un homme et moi, et assez vite la conversation s'engage entre nous. Au bout de quelques instants, me voilà en train de lui raconter ma vie. Un quart d'heure après, il me propose de continuer à parler dans son cabinet, pour être plus tranquilles... Je ne peux pas dire non !

M. Sansouci, le psychologue, entre comme cela dans ma vie, et va y rester plusieurs années. Je soupçonne que c'est un coup monté entre mon orthophoniste et mes parents...

Dorénavant, je ne suis plus seule face à mes cauchemars.

Parenthèse enchantée

Été 1994

Avoir désormais un interlocuteur extérieur à la famille en qui j'ai confiance, c'est une aide formidable. Grâce à lui, je reprends ma reconstruction. En retrouvant ma mémoire, j'ai retrouvé ceux que j'aime. C'est tellement agréable de pouvoir se projeter ses flashs d'enfance encore et encore, de revoir tous les bons moments. Ça m'aide à remonter la pente.

Parmi les figures qui se détachent, il y a celui qui m'avait surnommée « bulldozer » : c'est mon « tonton féroce », le frère de mon père. Avec mes sœurs, on l'avait appelé comme ça parce qu'il faisait toujours mine de nous gronder. Quand il nous gardait, il fallait filer droit !

Il y a aussi mon parrain, avec qui je m'entends très bien. L'été de mon accident, j'aurais dû aller passer mes vacances chez lui, en Corse. Ça n'a bien sûr pas été possible. L'été d'après, je suis partie dans ce fameux centre de repos, à la montagne. Cette année, enfin, rien ne s'oppose à ce que nos projets se réalisent ! Je ne suis pas longue à me décider. J'ai tellement envie de découvrir cette région que je ne connais pas...

Dix heures de voiture, plus le bateau : bientôt mes jambes sont si gonflées que je ne peux plus poser le pied par terre. Mais peu importe, du large me parviennent déjà les effluves de ce paradis que va être la Corse. Je la sens, cette odeur sucrée du maquis qui, les prochaines années, va toujours signifier pour moi la liberté. Partir là-bas, c'est me sortir du marasme de ma vie, c'est pouvoir penser que tout va bien.

Les deux premiers jours, bien sûr, ne sont pas une partie de plaisir : il faut que mes jambes dégonflent. Mais ensuite, je flotte sur un petit nuage. Il fait un temps de rêve, je passe mes journées à la plage ou au bord de la piscine, je bronze joliment... Tout ce que ferait une jeune fille de mon âge sans soucis et sans douleurs.

Pourquoi suis-je plus libre ici ? Sûrement en partie parce que je n'ai pas tout dit à mon parrain sur ce qui m'est interdit... Un jour, il m'emmène faire du jet-ski. Je ne conduis pas, bien sûr, mais je m'accroche derrière lui et je profite de cette sensation de vitesse, de l'eau qui jaillit tout autour de nous, de cette impression grisante que je peux tout faire. Physiquement, je tiens bon. Je serre les dents. Tout va bien se passer !

De retour sur la plage, j'exulte. Je l'ai fait ! J'ai même une magnifique photo de mon exploit.

Les jours passent, tous aussi agréables. Le fils des propriétaires de la résidence, M. et Mme Poli, nous emmène en boîte, la fille de mon parrain et moi. Il nous attend pendant que nous nous amusons, comme un grand frère complaisant. Nous rions beaucoup toutes les deux. Je retrouve le bonheur d'une complicité libérée des contraintes de la vie de tous les jours. Quand je suis chez moi, des problèmes de déplacement se posent toujours. Je suis en train de passer le permis de conduire, et je sais que cela ne va pas être simple : je conduis bien, mais l'angoisse m'étreint quand je me retrouve dans la circulation. Là, je perds mes moyens. Pour surmonter cela, la solution trouvée avec mon père et les médecins sera la conduite accompagnée pendant un an, le temps d'apprendre à gérer mon appréhension. C'est donc mon amie N. qui, souvent, me conduit. C'est une contrainte pour elle, c'est sûr. Mais comment faire autrement ? Ma sœur se dévoue aussi... Chaque fois, il faut organiser quelque chose et cela me remet face à mes incapacités.

Ici, en Corse, plus de problèmes, plus de questions ! Je profite de la vie et me détends, enfin. Une chose fait rire mon parrain : dès que je croise un miroir, je me regarde longuement dedans. Et je lui demande à tout bout de champ de me prendre en photo. C'est curieux, mais je n'arrive pas à avoir une image de moi fixe. Je me demande toujours comment je suis... Mon visage a repris ses traits, mais j'ai l'impression que ce n'est que temporaire. J'ai peur de revoir mes expressions « d'avant », quand l'accident se lisait encore sur ma figure. Ce qui est paradoxal, c'est qu'à l'époque je n'en avais pas du tout conscience...

J'adore m'installer, le soir, au bord de la mer, pour méditer. Je l'ai beaucoup fait ce printemps, chez mes grands-parents, près de Royan, où j'ai passé quelques semaines de repos. Sur la jetée, il y a un banc idéal pour les séances de réflexion. La marée, la couleur changeante de l'océan selon le temps agissent comme des déclencheurs, chez moi. Je pars loin dans mes pensées, je repense à ce que j'ai vécu, je fais des projets d'avenir... Enfin, les projets, c'est en Corse que je les fais. À Royan, j'étais trop déprimée. Ce doit être le fait de regarder au loin qui m'aide à réfléchir. Chez ma marraine Odette, c'est la même chose. Pourtant, elle n'habite pas au bord de la mer, mais en proche banlieue parisienne. De ses fenêtres, on voit tout Paris, comme un océan urbain qui s'étend à perte de vue, avec, de temps en temps, un monument qui accroche le regard.

Depuis mon accident, je suis souvent silencieuse. Souvent solitaire, aussi. Par la force des choses, puisque j'ai perdu la plupart de mes amis, mais également par besoin, je pense. Il me faut ces plages de calme pour récupérer, ces moments de solitude pour me recentrer sur moi. Moi qui étais si extravertie, qui riais tout le temps, qui ne pouvais pas envisager de passer une soirée seule, j'ai changé du tout au tout.

Mais au moins, en Corse, cette solitude s'accompagne de chaleur, de senteurs merveilleuses, de plénitude… Jour après jour, je sens mes forces revenir. Dorénavant, à chaque baisse de moral, je passerai un coup de fil à mon parrain, qui me fera venir en Corse pour me remettre.

C'est mon havre.

Je vais en avoir besoin, les années qui viennent, car j'ai du pain sur la planche…

Les grandes décisions

1994-1995

Quand commence l'année scolaire 1994-1995, je suis gonflée à bloc. Malgré mon échec de l'année dernière, mon dossier scolaire, excellent, me permet d'entrer dans un nouveau BTS. Exit le commerce international, je vais me spécialiser en comptabilité. Je sais que c'est une matière dans laquelle je suis très à l'aise.

— Les chiffres, ça ne me fatigue pas ! dis-je à ma mère, enthousiaste.

Le problème, c'est que je dois quitter le lycée proche de chez mes parents pour aller à une heure et demie de transport... Vingt minutes de marche pour aller à la gare, le train, un changement à Versailles, et encore de la marche pour finir. C'est épuisant.

Je veux tenir le coup, et je sais que j'en suis capable. Pour me motiver, je me remémore un épisode de l'année dernière. Avant la rentrée, un concours avait été organisé. Le challenge : gagner un stage de fin d'études en Australie ! J'avais travaillé d'arrache-pied. L'Australie ! Le rêve ! Et j'avais remporté la timbale. À moi les grands espaces, l'exotisme, les kangourous... Tout à mon bonheur, j'avais oublié simplement que ça risquait d'être impossible pour moi. D'abord à cause des longues heures d'avion, que mon état de santé rend périlleuses. Et quel suivi médical avoir si loin ? La suite m'a donné raison, puisque je n'ai même pas pu finir l'année. Mais j'aime me souvenir de ce succès, car il me conforte dans l'idée que je peux parvenir à réussir scolairement aussi bien que les autres, quand j'en ai la force.

Mais cette année encore, la réalité va imposer son rythme...

D'abord, je suis épuisée par ces trajets. Dans ma classe, je ne trouve pas plus de sollicitude que d'habitude. Les autres élèves ne prêtent, encore une fois, aucune attention à mes problèmes de santé. Le week-end d'intégration s'est déroulé à peu de chose près comme le précédent. Il m'est difficile d'être au milieu de gens aussi indifférents.

Ensuite, une nouvelle question se pose sur ma santé.

Depuis mes multiples fractures du bassin, je souffre d'ostéomes à l'entrejambe, au niveau du pubis, qui s'ossifient au fur et à mesure. Ils me font de plus en plus souffrir. Pour m'asseoir, il me faut un coussin, et la station debout m'est vraiment pénible.

Le professeur qui me suit à l'hôpital de Garches hésite à me conseiller une opération. Après moult examens, il la trouve trop risquée. Dans mon carnet de santé, il écrit un mot précisant les risques vitaux qu'il y aurait à la pratiquer.

Ce que j'en pense, moi, je l'écris à mes grands-parents.

Chers papy et mamie,

En janvier prochain, je serai de nouveau vue par les chirurgiens pour la grosse opération de l'entrejambe et du bassin. Ça aussi c'est dur, car, outre la souffrance de l'opération, il faut que je prenne une décision importante : sans l'opération, je souffrirai à vie de mes jambes, je ne pourrai jamais faire de sport, danser ou marcher plus de cinq cents mètres sans souffrir. Avec l'opération, je pourrai à nouveau faire tout cela ; mais, si ça cicatrise mal (ce dont les médecins ont peur), et que la colonne ne l'accepte pas, je peux avoir des problèmes bien pires, voire retourner en fauteuil roulant ! De plus, le laser peut me rendre définitivement stérile.

Je vous le confie entre nous, mais j'ai très peur ! Ce n'est pas facile de choisir. Le choix est pourtant restreint : souffrance physique ou souffrance morale ? Un grand poids me pèse sur les épaules... Bon, j'arrête de vous raconter ma vie déprimante et vous dirai seulement qu'à part tout ce qui va mal, le reste va bien !...

La décision n'est pas facile à prendre. Tellement de risques, pour un bénéfice – mais rien n'est garanti – non négligeable... J'ai confiance dans le jugement de mon médecin, aussi je vais suivre son conseil : il n'y aura pas d'opération. Ce choix, pour moi, c'est un pas de plus vers la maturité. Fermer la porte à une amélioration à laquelle je pensais depuis longtemps, ce n'est pas anodin.

C'est peut-être en partie à cause de cela que j'ai décidé, avec mon copain, de partir... au ski. Tous ceux à qui j'en parle ouvrent des yeux ronds. Oui, j'ai décidé de partir faire du ski. Bien sûr, je n'irai que sur des pistes très faciles, où je ne risque pas de tomber.

Mais ces vacances sont bien plus qu'un simple défi physique. Je vais partir avec Jo, mais aussi avec Hector et son amie. Hector, c'est le conducteur qui n'a pas su maîtriser son véhicule. C'est à cause de lui que je suis dans cet état. Il roulait trop vite et a raté le virage. Comment puis-je partir en vacances avec lui ? C'est compliqué...

D'abord, Hector est le meilleur ami de Jo. L'accident n'y a rien changé. Nous en avons parlé plusieurs fois, Jo et moi, des discussions souvent houleuses.

Jo ne comprend pas que j'éprouve du ressentiment envers Hector.

— Il n'a pas fait exprès, me dit-il toujours.

Cette phrase a le don de me mettre hors de moi. C'est une excuse de petit enfant ! Encore heureux qu'il ne l'ait pas fait exprès !

Quand je lui fais remarquer qu'il roulait trop vite, Jo se met en colère.

— Tu n'en sais rien. Ce n'est pas de sa faute...

Hector est le meilleur ami de Jo. Maintenant, ils sont solidaires... Et moi, au milieu de tout cela, j'essaie de me reconstruire. Je ne peux pas quitter Jo, je l'ai déjà dit, et je voudrais que les choses se normalisent avec Hector. Je voudrais que nous puissions en parler cartes sur table. Je n'ai pas envie qu'il s'en veuille, mais j'ai besoin qu'il prenne conscience de ce qu'il a causé. Il ne le fera jamais...

Ce séjour, tous les quatre, renforce nos incompréhensions mutuelles. Hector est indifférent à ce que je subis par sa faute. Son amie le suit, et je me retrouve souvent seule. Je ne peux pas quitter les pistes vertes, car je ne dois pas prendre de risques. Eux partent pour de longues heures vers les sommets.

Une fois, j'ai tenté d'aller un peu plus haut, pour voir. J'ai pris un télésiège mais, une fois en haut, je me suis rendu compte que jamais je ne pourrais skier pour redescendre. Le télésiège étant fermé, j'ai glissé sur les fesses jusqu'en bas ! Ça m'a pris vraiment longtemps... En bas, les autres m'attendaient devant une boisson chaude. Nous avons rejoint la voiture et là, nouvelle catastrophe : plus de batterie. Heureusement, quelqu'un a pu nous dépanner. Mais ensuite, il nous a fallu rouler suffisamment longtemps pour recharger la batterie. Et nous voilà pendant des heures sur les petites routes de montagne... jusqu'au moment où nous sommes arrivés à un poste-frontière avec la Suisse. Difficile de faire comprendre au douanier que nous ne pouvions pas arrêter le moteur…

Une soirée de galère, entrecoupée de fous rires, quand même.

L'ambiance a beau être relativement bonne, à la fin de la semaine, je serai bien contente de rentrer chez moi ! J'ai fait des efforts constants, je voulais vraiment que tout se passe bien. Mais, au fond de moi, je crois que j'ai une certaine amertume.

Ces vacances, pour moi, c'est le résumé de toutes mes contradictions du moment.

Je ne veux pas me faire opérer, mais je veux pouvoir faire du sport comme si de rien n'était. J'ai beau savoir exactement ce que les médecins pensent de mon état, je refuse de considérer que j'ai des handicaps. Je fais tout comme si tout allait bien. Mais j'ai mal, et ces douleurs me minent.

En ce qui concerne Jo, j'ai un ressentiment diffus à son égard, et pourtant je ne le quitte pas. Nos relations ne sont pas toujours faciles, nous nous séparons momentanément, puis recollons les morceaux, jusqu'à la prochaine fois. Ce que j'ai le plus de mal à avaler, c'est sa réponse dès que j'évoque la responsabilité d'Hector dans l'accident :

— Si tu portes plainte contre lui, je te quitte !

Je fais tout pour retrouver mon insouciance, pour reprendre ma vie là où je l'ai laissée, mais, au fond, les jeunes de mon âge m'agacent. Je les trouve immatures, inconséquents. Je m'entends beaucoup mieux avec des personnes plus âgées, qui comprennent ce que j'ai traversé et font preuve d'un minimum de prévenance.

J'ai besoin plus que jamais du soutien de mes parents, mais je ne leur parle pas de tous mes problèmes. Je cache mes douleurs pour ne pas les inquiéter et pour éviter qu'ils ne m'interdisent des choses. D'une certaine manière, je suis un peu comme une adolescente avec eux !

Bref, je n'ai pas encore trouvé ma place...

Quand je rentre, j'ai droit à mon rayon de soleil : Leslie, ma chienne, me fait la fête ! Je n'ai pas pu l'emmener avec moi, et la retrouver me fait chaud au cœur.

L'idée d'avoir un chien, c'est mon père qui me l'a soufflée, quand j'étais encore en fauteuil. À cette époque, je n'avais pas voulu en entendre parler. C'est pendant ma dépression que je me suis souvenue de cette proposition. Et là, elle m'a souri ! Leslie est un berger belge. Elle a très vite appris qu'elle ne devait ni me sauter dessus ni me bousculer. Elle fait très attention à moi. Pendant plusieurs mois, ensemble, nous nous sommes rendues dans un centre de dressage. Nous en avons appris autant l'une que l'autre ! C'est une présence rassurante.

Avec toutes ces émotions, l'année scolaire est bien éprouvante. Quand la question du stage se profile, je suis bien obligée de reconnaître que je suis incapable d'en faire un. Je suis beaucoup trop fatiguée physiquement... et moralement ! Mes notes sont suffisamment bonnes pour que mon année soit validée. Je ne peux plus me permettre les trajets épuisants. Je décide de passer des degrés de comptabilité par correspondance. Je vais pouvoir souffler un peu.

En attendant mon prochain défi...

Le monde du travail

Septembre 1995

Ce monde du travail, en fait, je le connais depuis quelques années. Dès mes seize ans, j'ai commencé à travailler un mois l'été en compagnie de mon père. Je faisais de l'administratif – secrétariat, classement… J'ai aussi gardé des enfants, donné des cours de rattrapage, tenu la caisse d'un supermarché le week-end, bref, tout ce que font les jeunes pour gagner de l'argent de poche.

Aujourd'hui, mon état d'esprit a évolué. Ce n'est pas un petit boulot que je veux, mais commencer une carrière. J'ai abandonné l'idée de faire de longues études. Maintenant, je veux aller vers un milieu où l'on me prendra au sérieux, où je côtoierai des adultes. Je ne me sens plus en phase avec les gens de mon âge et j'ai besoin d'autre chose.

Un matin de septembre, au saut du lit, je dis à ma mère :

— Maman, conduis-moi à l'ANPE, je veux travailler !

— Tu as raison, répond-elle en souriant.

Elle n'a pas l'air surprise, sûrement parce qu'elle me connaît bien et qu'elle sait combien l'inaction me pèse. Certes, je pourrais percevoir l'Allocation adulte handicapé et rester chez moi à me reposer, mais c'est hors de question ! J'ai besoin de bouger – enfin, façon de parler, je suis encore loin de courir le cent mètres…

Première étape : l'agence la plus proche de mon domicile. En poussant la porte, je vois les panneaux sur lesquels sont épinglées les annonces. Il y en a une pour moi, c'est sûr ! Mon enthousiasme me fait voir tout en rose...

Et la suite ne me donne pas tort.

Après l'accident, j'ai subi des expertises médicales pour évaluer mon état. Une expérience que je ne souhaite à personne. On se retrouve au milieu d'un groupe de médecins en blouse blanche, comme à leur merci. Ils palpent, soulèvent un bras, forcent un mouvement pour vérifier que la douleur est réelle... On se sent comme un morceau de viande, avec eux.

La première expertise était pour les assurances, et puis il y en a eu d'autres pour déterminer mon degré de handicap.

Sur le moment, je n'ai pas voulu en savoir plus. De toute façon, pour moi, pas question d'admettre le handicap.

Aujourd'hui, la femme qui m'accueille à l'ANPE m'explique que je dois m'adresser à la section « travailleurs handicapés ». Je m'y dirige, toujours en compagnie de ma mère, avec un peu d'appréhension. C'est irrationnel, mais j'ai peur qu'on m'empêche de travailler !

Bien évidemment, ce n'est pas le cas.

La personne qui me reçoit m'explique :

— Nous sommes en relation avec une association qui collabore avec des entreprises à la recherche de travailleurs handicapés.

J'apprends alors que toutes les entreprises, sous peine d'amendes, doivent embaucher un certain nombre de personnes handicapées. Toutes ne le font pas, préférant payer, mais celles qui jouent le jeu ne le regrettent pas.

Deux jours plus tard, munie de ma reconnaissance COTOREP – Commission technique d'orientation et de reclassement professionnel –, je rencontre la responsable de l'EPSR, l'association en question. Le Groupe Malakoff, un groupe de protection sociale, cherche des comptables. C'est pour moi ! Je veux me battre pour prouver aux autres que, bien que handicapée, je suis capable d'avoir un travail. Les deux problèmes ne sont pas toujours liés.

Lorsque je les rencontre, le courant passe, et ils me proposent un CDD d'un an.

Ça y est, je vais commencer ma vie professionnelle !

Ma vie va changer. Je tourne une page... Accepter ce poste adapté n'a pas été simple pour moi. C'est un premier pas vers l'acceptation du handicap.

Les premiers contacts avec mes collègues de travail sont plutôt sympathiques. Je me présente à ma façon, c'est-à-dire en parlant de mon accident, mais sans mentionner de handicap. Je ne peux pas m'empêcher de raconter à tout le monde ce qui m'est arrivé.

— J'ai eu un accident de voiture, et j'ai été morte. Je ne marchais plus, et je remarche !

Mon emploi du temps est quand même aménagé : je travaille une heure de moins par jour, ce qui me permet de me rendre à mes séances de rééducation.

J'ai beau fanfaronner, commencer ce nouvel emploi n'est pas simple...

D'abord, il y a les trajets.

Je dois prendre le train tous les jours, avec une marche à pied pour aller à la gare dans les deux sens. En soi, c'est déjà fatigant. Mais, en plus, dans le train, c'est souvent compliqué. Mon handicap n'est pas visible au premier coup d'œil, même si je boitille. Si je ne trouve pas de place assise, j'ai du mal à faire respecter ma priorité. L'autre jour, j'avais tellement mal que je me suis adressée à un jeune, affalé sur un siège :

— Excusez-moi, mais j'ai besoin de m'asseoir, lui dis-je en montrant ma carte « station debout pénible ».

— C'est quoi ta carte truquée ? Moi j'me lève pas. T'as rien d'une handicapée ! Dégage, t'auras pas ma place.

Et il m'a poussée ! Heureusement, la foule m'a retenue. J'étais pétrifiée. Impossible de réagir.

Ce n'est pas un événement isolé.

Au supermarché, à midi, nouvelle scène. J'arrive avec une pomme pour mon dessert à la caisse prioritaire. Une femme d'une quarantaine d'années se trouve là avec un énorme Caddie. Je lui demande alors si elle est prioritaire et elle me répond :

— Non, mais vous non plus apparemment !

Je lui montre ma carte.

Elle passe quand même et me dit au moment de payer :

— J'ai la même maladie que vous : je suis feignante. Vous devriez avoir honte de faire croire que vous êtes handicapée.

Je me suis sentie humiliée. En plus, la caissière n'a pas bronché, personne n'a réagi autour. J'étais abandonnée...

Le handicap invisible est vraiment très dur à porter. Je dois tout le temps prouver, me justifier, aussi bien dans la rue que dans les supermarchés aux caisses réservées. Se faire respecter lorsqu'on est en fauteuil roulant, ce n'est déjà pas simple – je sais de quoi je parle, je l'ai vécu –, mais passer pour un imposteur, c'est vraiment terrible. Comment faire comprendre que les douleurs constantes sont épuisantes, que je dois absolument me ménager pour tenir toute la journée ?

Je me rends compte, à ce moment-là, que j'ai été relativement protégée jusqu'à présent. Maintenant, je n'ai plus mes professeurs pour faire attention à moi, ni mes parents pour me faciliter la vie. Toute la journée, je suis seule et il faut que je me débrouille.

Moralement, j'ai des hauts et des bas. J'ai décidé de quitter Jo. L'accident nous avait rapprochés, mais la maturité nous a fait prendre des chemins différents.

Dans l'entreprise, la vie n'est pas simple tous les jours. Certains ne comprennent pas vraiment pourquoi j'ai ce statut de handicapée. Comme toujours, je fais tout pour minimiser mes problèmes, alors forcément… Je ne suis pas la seule en CDD. La compétition est rude.

Au bout de quelques mois de ce régime, je craque. J'ai mal vingt-quatre heures sur vingt-quatre. Je dois retourner à l'hôpital faire des bilans, pour comprendre.

— Mes jambes se raidissent tout le temps et j'ai très mal quand je marche, docteur.

— C'est normal d'avoir des séquelles neurologiques qui se répercutent sur les jambes, il ne peut pas y avoir que des miracles…

On me donne des médicaments en plus.

Quelques jours après mon arrivée chez Malakoff, j'avais rencontré Mony, l'assistante sociale, ainsi qu'une autre dame, elle-même atteinte d'un léger handicap. Elle est responsable de la section emploi des handicapés de l'entreprise. Chargée de mission, elle se bat au quotidien pour nous assurer une bonne insertion professionnelle.

Après mon séjour à l'hôpital, elles m'ont contactée. Ce qu'elles m'annoncent me met les larmes aux yeux :

— Nous vous avons trouvé un studio meublé à quarante mètres du travail. Cela vous évitera les trois heures trente de trajet quotidien…

Elles ne m'ont jamais laissée tomber.

Je me souviens encore du jour de mon déménagement. Toutes mes affaires sont entassées dans ma petite R5 rouge… Mes parents me serrent dans leurs bras encore et encore.

C'est un grand jour pour eux comme pour moi.

Mon envol du nid…

Nouveau nid

L'emménagement dans mon studio est un grand moment. Organiser mes affaires, décorer, choisir des rideaux... c'est un bonheur de tout arranger selon mes goûts.

Et un soulagement de ne plus avoir des heures de transport. Je vois nettement la différence ! Ce regain d'énergie me permet de me consacrer encore mieux à ma tâche et de m'intéresser à ce qui m'entoure. Je me fais de nouveaux amis, je pars en vacances, je sors.

Le temps passe ainsi, je m'installe dans ma vie...

Depuis quelque temps, une nouvelle passion m'a saisie : le karaoké. Mais attention ! Je ne chante pas n'importe quoi. Mon truc à moi, c'est « Couleur menthe à l'eau » d'Eddy Mitchell. En fait, c'est venu un peu par hasard. J'étais en vacances au bord de la mer et un soir, sur la plage, un karaoké était organisé. On m'a poussée à y participer, mais je ne voulais absolument pas le faire. J'ai fini par être littéralement propulsée sur la scène. Et là, j'ai choisi la seule chanson dont je connaissais les paroles... Un succès. Des applaudissements à tout rompre. Ça m'a fait si plaisir que, depuis, je ne rate jamais une occasion de chanter... toujours la même chanson ! C'est bien la seule que j'arrive à chanter sans fausses notes ! C'est devenu une vraie blague avec mes amis.

Cette histoire est plus qu'anecdotique. Pour moi, me donner en spectacle comme cela, c'est vraiment fondamental. J'ai besoin de m'affirmer. Monter sur scène, chanter, c'est une manière de montrer ce que je suis capable de faire.

Pendant toute cette période, je ne sais pas vraiment comment me positionner, en fait.

Au fond de moi, je connais mes faiblesses, mais il n'est pas question de les reconnaître formellement. Même si je suis considérée comme une travailleuse handicapée, j'ai du mal à l'assumer. C'est vraiment curieux. Je sais que j'ai besoin de faire attention à moi et que certaines choses me sont impossibles. Et pourtant, je suis mal à l'aise à l'idée que mon travail soit aménagé en fonction de cela. Comme si je ne le méritais pas. C'est peut-être aussi une façon de nier encore mon handicap…

Ce qui m'aide en cela, c'est qu'il ne se voit pas de prime abord.

Quand je rencontre pour la première fois Bruno, mon futur mari, il ne se rend pas compte de quoi que ce soit. Mais moi, je ne lui laisse rien ignorer !

— Bonjour, je m'appelle Krystel. Il y a quelques années, j'ai eu un très grave accident de voiture et j'ai été morte. Je ne marchais plus et je remarche !

Il a droit à ce que je dis à toute nouvelle personne que je rencontre.

Je ne peux pas m'empêcher de donner cette précision. C'est plus fort que moi. Les amis qui me connaissent depuis longtemps en rient. Les autres ont l'air surpris et, souvent, admiratif.

J'ai besoin de cette reconnaissance, je crois. Je ne me sens pas si sûre de moi.

Comme quand j'étais en Corse avec mon parrain, je doute de mon image. Je ne sais pas ce que je renvoie. Je ne veux pas que l'on risque de me juger. J'ai peur de ce que l'on pourrait penser de moi.

Avec Bruno, c'est le coup de foudre.

Deux de ses passions sont le sport et les vacances en camping... Quand il me dit cela, je déglutis péniblement. Comment lui dire qu'avec moi, il ne faut pas y penser ? Je ne veux pas risquer de briser dans l'œuf une belle histoire qui commence, mais là, vraiment, je ne peux pas...

Et Bruno l'accepte tout simplement.

Sans se poser de questions.

C'est ça, je crois, l'amour.

Ce qu'il trouve en moi, de la même manière que ce que je trouve en lui, est bien au-delà de ces petites impossibilités. Tout ce que j'ai traversé m'a donné, à ses yeux, une profondeur et une façon d'aborder la vie qui lui plaisent. C'est plus important que de pouvoir faire ensemble du sport ou du camping...

Mes difficultés font partie de moi, un point c'est tout.

C'est incroyable de rencontrer quelqu'un comme lui...

Le 1er janvier 2000, nous fêtons la nouvelle année – et le nouveau millénaire – ensemble.

Bruno me soutient physiquement (et ce n'est pas rien ! Par exemple, les soirs où je suis fatiguée, lorsque je ne peux monter l'escalier, il me porte) ; et moralement (il me pousse dans mon désir d'évoluer, d'aller toujours plus loin que mes capacités). Enfin, il croit en moi.

En janvier 2001, nous célébrons notre mariage, digne d'un conte de fées. Un buffet succulent, des toilettes somptueuses, une multitude d'invités, il ne manque que le château !

Je me sens enfin stabilisée dans cette deuxième vie.

Je suis heureuse, tout simplement.

Le déclic

Dans la pénombre de la salle, je sens une grande émotion m'envahir. Là, devant moi, sur la scène, j'ai l'impression que c'est ma vie qui est racontée. Mes difficultés quotidiennes, mes galères, mes colères aussi. C'est extraordinaire. Nous avons beau être plus d'une centaine dans la salle, je me sens seule au monde, les yeux écarquillés. C'est de moi que l'on parle, et j'ai envie, tout à coup, de m'exprimer moi aussi.

Quand les lumières se rallument, le metteur en scène invite tout le monde à donner ses impressions. La troupe qu'il dirige est spécialisée dans l'intervention en entreprise, notamment sur le thème du handicap. Leur but : mettre en scène la vie de tous les jours pour illustrer les difficultés et trouver des solutions. Montrer aussi que la personne la plus handicapée n'est pas toujours celle que l'on croit.

Au début, personne n'ose prendre la parole. Alors j'y vais.

— Moi, j'ai adoré cette pièce. C'est tout à fait comme ça que ça se passe !

Et je continue sur ma lancée, expliquant comment je suis arrivée chez Malakoff et comment je vis sur mon lieu de travail. Mes problèmes logistiques et humains. J'ai de nombreuses idées pour améliorer les choses, aussi.

Au fur et à mesure que je parle, je sens que beaucoup de choses se débloquent en moi. Tout ce que je n'avais jamais réussi à exprimer sort. Je parle de moi et verbalise mon handicap. Je sais enfin où j'en suis. Je l'accepte !

Dans la salle, on m'écoute. Après la pièce qu'ils viennent de voir, mes collègues ne peuvent pas vraiment faire autrement. Je pense que ça leur a ouvert les yeux, à eux aussi. Pour certains, les handicapés sont des sortes de profiteurs. Ils ne le disent pas comme cela, bien sûr, et ne se rendent pas forcément compte même qu'ils le pensent, mais tout dans leur attitude le laisse deviner. Ils ne soupçonnent pas à quel point cela fait mal.

Un handicapé, ça fait peur, c'est hors normes, « pas pratique », alors on le rejette, au lieu de le respecter, de le comprendre.

Dans le travail de tous les jours, mille choses peuvent devenir de petites tortures. Un poste de travail mal adapté, par exemple, qui, en obligeant à être dans une mauvaise position pendant de longues heures, finit par causer des douleurs terribles. Bien sûr, les valides en pleine possession de leurs moyens ne le vivent pas de la même façon. Il y a aussi le manque d'ergonomie des locaux, qui oblige à de longues marches, par exemple, ou encore les photocopieuses dans des locaux exigus qui rendent les manœuvres de rechargement du papier vraiment délicates. Des petites choses... qui finissent par former un fleuve de malaise. Malakoff est irréprochable à cet égard, mais d'autres entreprises ont encore beaucoup à faire. Sans oublier les frictions humaines, souvent si difficiles à régler.

Au terme de la discussion, je note les références du spectacle : « Ils peuvent se parler à travers les carreaux », de la compagnie La Crête. Ils font un travail passionnant. Ils ont développé leur spectacle en collaboration avec l'AGEFIPH (Agir efficacement pour l'insertion professionnelle des personnes handicapées), association nationale agréée par le ministère du Travail, de l'Emploi et de la Formation professionnelle. Plus tard, je rencontrerai les comédiens de la compagnie Ô Clair de la Lune, qui travaillent aussi sur ces thèmes, sous la direction de Pascal Parsat. Ils ont une façon que j'adore de mélanger les gens pour montrer, finalement, que les handicapés ne sont pas toujours ceux que l'on pense. Leur « théâtre dans le noir » est une expérience incroyable à vivre.

Mon intervention n'est pas passée inaperçue. D'abord auprès de mes collègues, avec qui, du coup, la discussion s'engage. Ils veulent en savoir plus sur mon parcours, sur mon accident.

Et puis, surtout, un syndicat me contacte. Ils me proposent de me présenter au comité d'établissement et aux élections des délégués du personnel afin d'être le porte-parole des handicapés dans l'entreprise. Ils pensent que mon expérience peut être utile à toute l'entreprise, et ils ont vu que je n'hésitais pas à prendre la parole pour défendre mes idées.

J'accepte avec enthousiasme. Il faut que j'aide les mentalités à bouger.

De mon côté, je prends rendez-vous avec la direction des ressources humaines pour rencontrer le directeur.

— Je veux vous aider à faire changer les mentalités. Je suis handicapée, et j'en suis fière ! J'ai un atout que les autres n'ont pas : la différence. Cette différence, c'est ma force. Je vois la vie sous un autre angle, et rien ne me fait peur. J'aime les gens, quels qu'ils soient, avec un handicap ou non, et je veux les aider. Je veux m'investir pour cette entreprise qui m'a toujours soutenue.

Un nouvel accord vient d'être signé et a reçu l'agrément de la DDTEFP (Direction départementale du travail, de l'emploi et de la formation professionnelle). Le Groupe Malakoff essaye de faire changer les mentalités. Le responsable des ressources humaines veut donner l'exemple et passe des contrats avec des ateliers en secteur protégé pour certaines tâches. Tout se passe très bien avec ces personnes avides de montrer leurs différents talents et leur bonne volonté.

Depuis ce jour-là, je suis sur tous les fronts. Je fais entendre ma voix partout où elle est utile : dans les commissions handicap, par exemple, mais aussi lors des réunions des délégués du personnel pour régler des problèmes particuliers. Je fais le maximum pour servir de voix aux handicapés.

On se demande parfois pourquoi ils ont besoin de quelqu'un pour cela. Ne devraient-ils pas savoir ce à quoi ils ont droit et être habitués à le réclamer ? Ceux qui pensent ainsi oublient trop souvent qu'une grande partie des handicapés le sont à la suite d'un accident de la vie. Quand ils remontent la pente et reprennent un emploi, ils ne sont absolument pas au courant de ce qu'ils peuvent faire. Souvent, ils ne savent pas que leur poste peut être adapté pour leur faciliter la vie, par exemple. Ou que les services sociaux peuvent les aider à trouver un logement plus près, pour leur éviter des transports trop longs. Chez Malakoff, Mony et son équipe répondent présentes lorsque quelqu'un a une difficulté. Dans chaque grande entreprise, les missions handicap sont là pour informer sur les rouages des aides et accompagner dans les procédures.

Ce que je voudrais aussi, c'est rapprocher les gens. Les aider à se comprendre. C'est pour cela que nous organisons différentes campagnes d'information sur les handicaps. Notre prochain projet est de disposer des écrans, à la cantine, qui diffuseront les mots les plus courants de la langue des signes. Ainsi, la communication sera – un peu – facilitée. C'est un début…

Écrire ce livre, d'ailleurs, c'est aussi une manière de sensibiliser ceux qui ne sont pas en contact avec des handicapés ou qui, s'ils le sont, ne prennent pas la mesure de ce que cela représente.

C'est aussi ma façon de montrer l'exemple. Je voudrais que tout ce que j'ai traversé serve à d'autres, leur fasse comprendre que, quoi que la vie nous apporte comme souffrance, il ne faut jamais baisser les bras.

Quelle histoire écrire, sinon celle d'un drame d'une vie ?

Quel meilleur espoir donner, sinon celui du retour de la mort ?

Qu'écrire de plus beau que cette lutte acharnée que je mène pour ma vie ?

La fatalité n'existe que si l'on veut y croire.

Mon deuxième miracle

2001

— Je prends le risque !

— C'est déraisonnable. Votre colonne vertébrale, votre bassin avec ses multiples fractures ne tiendront jamais le coup...

— Je prends le risque !

— Vos lumbagos paralysants peuvent devenir permanents.

— Je prends le risque !

Ce médecin peut me dire ce qu'il veut, ma décision est sans appel. Je prends le risque. Oui, je prends le risque de mener à terme un miracle : je suis enceinte ! Et de jumeaux !

Depuis mon accident, les médecins observent des réserves obstétricales en ce qui concerne toute grossesse. Après neuf fractures au bassin, on ne peut pas s'attendre à un miracle ! En plus, l'année dernière, suite à une kystectomie (plusieurs kystes ont été retirés car ils revenaient sans cesse malgré les traitements médicamenteux), j'ai subi l'ablation d'un ovaire.

Et pourtant, voici mon miracle...

Évidemment, pendant la grossesse, je reste allongée presque vingt-quatre heures sur vingt-quatre. Rien n'entame mon moral. Je suis tellement heureuse ! J'en ai tellement rêvé de ces enfants !

La semaine prochaine, j'atteindrai huit mois de grossesse et mon obstétricien a prévu de me faire accoucher à ce moment-là. Demain, mon mari ira acheter toutes les choses de dernière minute dont j'ai besoin.

Tout à ces pensées, en essayant de réfléchir à ce que j'aurais pu oublier, je regarde distraitement la télévision. Il est 22 h 30.

Tout à coup, je me sens toute mouillée ! Je m'apprête à arpenter le chemin de chaises que nous avons confectionné avec mon mari pour faciliter mes déplacements, afin d'aller aux toilettes puis à la salle de bains.

Et là, stupéfaction ! Splash… splash… splash ! La poche des eaux s'est rompue !

« Pas de panique, me dis-je, appelle ton mari au poste de police où il travaille, dis-lui de ranger tranquillement son arme au coffre, de ne pas s'inquiéter, que tout va bien, mais de venir pour t'emmener à l'hôpital. »

Après une douche rapide, je prends le téléphone :

— Allô ?

— Allô, bonjour, c'est Krystel, vous pouvez me passer mon mari, s'il vous plaît ?

Jusque-là, je garde un calme olympien… Il prend le combiné.

— Oui ?

Là, je sens mes nerfs qui lâchent.

— Viens vite ! J'ai perdu les eaux !

Pour le calme, c'est raté. Mais, dix minutes plus tard, Bruno est là.

Après avoir prévenu l'hôpital de notre arrivée, nous partons en direction des urgences. Je suis tout de suite emmenée en salle de travail, mais mon mari n'a pas le droit de me suivre. Le gynécologue qui m'a opérée l'an dernier était d'accord pour que mon mari reste avec moi, mais il est absent. De même, l'anesthésiste qui connaît ma colonne vertébrale et mon bassin biscornus est en vacances.

Pas de chance...

Un interne entre dans la salle.

— Je vais vous faire la péridurale.

— Aïe !

Après trois échecs, il arrive à me piquer au bon endroit.

Quelques minutes se sont à peine écoulées que le chirurgien commence à m'ouvrir le ventre.

— Hé, attendez, ça me picote !

— Bon, on va attendre plus longtemps pour que l'effet de l'anesthésie soit plus prononcé.

— Merci !

Un instant plus tard, c'est reparti, il ouvre et... tombe dans les pommes.

— Mais enfin que se passe-t-il ?

— Rien, ne vous inquiétez pas, me répond une sage-femme.

J'aimerais bien l'y voir. Ne pas s'inquiéter quand celui qui est censé maîtriser la situation est allongé par terre !

— Mes bébés sont morts ?

— Non, non, pas du tout, me rétorque-t-elle tout en essayant de réanimer le chirurgien.

Alors, quelque chose d'inattendu se produit dans ma tête. Est-ce dû au stress, à l'anesthésie, ou à mon imagination ?

— Ce sont des lézards, c'est ça ?

J'ai dû trop regarder une série télévisée de mon adolescence, « V les visiteurs ». Dans un épisode, une jeune femme tombée enceinte d'un visiteur accouche de deux bébés lézards...

Heureusement, un autre médecin arrive en renfort.

— Mais non, tenez, les voici, me dit-il après m'avoir posé Arthur et Loïc sur le ventre.

Ils sont identiques...

Mais ils sont si différents !

Je les reconnais tout de suite.

C'est mon deuxième miracle. Un miracle avec deux visages.

Puis les sages-femmes s'occupent de mes fils, les mettent en couveuse et les présentent à leur père.

Pendant ce temps, on me recoud puis, après m'avoir recouverte d'un drap, on me laisse devant les grands ascenseurs.

— Nous allons chercher une couverture pour vous remonter dans une chambre.

Au bout d'une heure et demie, mon mari s'étonne que je ne sois pas remontée et questionne une infirmière :

— Ma femme est encore en salle de réveil ?

— Oups ! Je croyais qu'on l'avait remontée. Mais, avec l'hôpital en travaux, les médecins absents, tout est sens dessus dessous.

On m'a oubliée !

Moi, j'attends.

J'attends pour prendre dans mes bras mes enfants, mes miracles.

Deux petits êtres qui sont ce que j'ai de plus important dans la vie.

Ma deuxième vie...

Et aujourd'hui ?

Voilà plus de quinze ans que j'ai eu mon accident.

Je suis toujours suivie à l'hôpital de Garches. Je vais chez l'orthophoniste une fois par semaine, pour rééduquer ma mémoire et améliorer mes troubles du langage. Je consulte encore mon neuropsychologue. J'ai aussi deux ou trois séances de kinésithérapie par semaine.

La douleur fait partie de ma vie. Elle est insupportable certains jours.

Je sais que je ne pourrai plus jamais faire de sport.

J'ai dû arrêter de travailler à plein temps, après avoir craqué. Une nouvelle fois, mon corps a dit stop. Je me suis mise à avoir des douleurs tellement fortes qu'elles m'empêchaient de me lever. Je ne parlais plus. Je n'étais plus capable de jouer avec mes enfants. Il a fallu se rendre à l'évidence : je devais faire plus attention à moi. Reprendre ma rééducation, passée au deuxième plan à cause de mon emploi du temps surchargé.

J'ai commencé à utiliser une canne, aussi, pour éviter de tomber ou pour les jours où j'ai du mal à marcher. C'est un geste qui m'a beaucoup coûté, au début. Cela faisait des années que je refusais de le faire.

Il y a des matins plus durs que les autres, où je mets longtemps à déplier les jambes et à me lever. Ces jours-là, mon mari doit m'aider.

J'ai parfois des difficultés physiques, d'autres fois psychiques, mais je les surmonte toujours. Une chose a changé depuis que j'ai eu mes enfants : je n'ai plus besoin de parler à tout le monde de mon accident, comme je le faisais avant, de peur qu'on me juge. Je sais qui je suis. Je sais où sont mes priorités. Je sais ce qui est le plus important pour moi maintenant.

Je me bats sans cesse contre l'injustice. Les gens qui ne voient pas ou ne veulent pas voir. Le handicap invisible est si dur à supporter…

Je me bats aussi contre ceux qui prennent certaines choses trop à la légère. En voiture, par exemple. Quand je vois des accidents de la route aux informations, je ressens une colère terrible. Comment peut-on encore être si désinvolte au volant ? Comment peut-on mettre sa vie et celle des autres en danger comme cela ? Je ne manque pas une occasion de parler aux jeunes, et aux autres, si insouciants en conduisant :

— Soyez prudents ! Les accidents n'arrivent pas qu'aux autres. Cela se passe si vite, et la rééducation est si longue…

Mais j'ai mes deux petits miracles, qui savent si bien me remonter le moral et m'appuyer, à leur manière, dans mon combat.

Lorsque, à la sortie de l'école, leurs petits camarades leur demandent :

— Pourquoi ta maman a une canne ?

Ils répondent en chœur :

— C'est pas une canne, c'est sa troisième jambe. Comme ça, maman, elle tombe pas !

C'est dit avec une telle évidence qu'à chaque fois, j'en ai les larmes aux yeux !

Un jour, en les emmenant à leur club de baby-gym, il nous est arrivé une histoire dont je me souviens toujours avec émotion. Je rentre sur le parking : vide. Oh, pardon, non, une voiture... sur la place « handicapé ». Je n'y prête pas attention, habituée à n'utiliser ces places auxquelles j'ai droit dans ma ville que s'il n'y en a pas d'autres – je me dis toujours que quelqu'un va peut-être arriver, qui en aura plus besoin que moi.

Je me gare donc à côté de cette voiture, sur une place « normale ». La conductrice est encore au volant. Elle ferme la fenêtre, coupe le moteur et descend.

Pendant ce temps, j'ai détaché Arthur et Loïc de leurs sièges et m'apprête à les faire descendre. Tout à coup, Loïc me file entre les jambes – il n'a que cinq ans et demi – et fonce droit sur la femme.

— Dis donc, tu as pris la place de maman. T'as même pas de canne ! Alors t'as pas le droit. Le dessin du fauteuil bleu, c'est pour les gens qui ont des cannes comme ma maman !

Et Arthur renchérit timidement par-dessus mon épaule :

— C'est pas bien. La police, elle va t'arrêter et te mettre en prison parce que tu n'as pas de canne !

Bouche bée, je regarde Loïc rejoindre son frère, debout à côté de moi sur le trottoir. Abasourdie par leur vigilance et par le respect qu'ils ont des personnes handicapées...

... et trop fière aussi !

Fière d'être leur maman et fière qu'ils défendent les autres.

Remerciements

Merci avec un grand « M », pour leur soutien et leur amour, à mes parents Perle et Michel, mes sœurs Sandrine et Marie-Aurore et mon frère Jean-Marie. Sans eux, je ne serais pas là aujourd'hui. Je ne serais pas devenue ce que je suis. Je vous aime.

Une pensée pour mon oncle Joël et mon beau-père Michel, qui nous ont quittés bien trop tôt. Tonton féroce et beau-papa, nous ne vous oublions pas. Je suis sûre qu'où que vous soyez, vous participez à ma fabuleuse aventure.

À ma belle-mère Martine, merci d'être toujours là pour nous. Je n'aurais pas rêvé d'avoir une plus gentille belle-maman.

Un clin d'œil chaleureux à toute ma famille, à mon parrain Jean-Claude et à mes amis qui ont su être là.

De gros bisous à Pascal et Pascaline, nos meilleurs amis, deux êtres exceptionnels, des valeurs sûres, avec qui nous partageons tant de choses.

Un coucou à mes kinés, Laure et Patrick, à mon orthophoniste Corinne Pochon, aux infirmières de Garches et aux membres du service UEROS, qui m'aident tous à avancer toutes les semaines.

Merci à Sophie Marvaud, auteur de romans pour la jeunesse. Lors de ses ateliers d'écriture, ses conseils et ses encouragements ont fait naître mon manuscrit au fil des semaines.

Merci à Caroline Sers de m'avoir accompagnée dans la mise au point du manuscrit final. Une personne qui m'a beaucoup apporté par sa gentillesse et son savoir-faire.

Mes hommages à Pascal Parsat, pour m'avoir ouvert les yeux sur mon handicap, à travers ses pièces de théâtre.

À Malakoff Médéric, je tiens tout particulièrement à remercier : Mony Druon-Peyrat, que j'ai souvent prise pour mon ange gardien pour son soutien permanent depuis treize ans. Sans elle, mon manuscrit ne serait pas devenu si vite un vrai livre ! Mmes Danielle Pellerin et Stéphanie Le Dorner pour leur aide précieuse et leur gentillesse.

Bravo à la mission handicap.

Marc Temes, qui m'a toujours aidée et soutenue, y compris dans les moments difficiles.

Michel Brissaud, qui, par son action, m'a permis de rencontrer rapidement M. Jean-Pierre Doly, directeur de la com de Malakoff Médéric.

Merci, monsieur Doly, de m'avoir présenté M. Guillaume Sarkozy, délégué général de Malakoff Médéric ; et de me permettre d'accéder à un très grand nombre de lecteurs.

Pierre Servant, directeur général de Malakoff Médéric ; Hugues Huet, et l'ensemble des élus, pour avoir œuvré à la mise en place d'un nouvel accord handicapé de grande qualité.

Et, pour finir, merci à toutes celles et à tous ceux qui m'ont fait le plaisir de lire mon livre ou de venir échanger avec moi quelques instants lors de mes séances de dédicaces.

Table

9128

Composition
NORD COMPO
Achevé d'imprimer en Espagne
par ROSÈS
le 6 décembre 2009.

Dépôt légal décembre 2009. EAN 9782290019658

ÉDITIONS J'AI LU
87, quai Panhard-et-Levassor, 75013 Paris

Diffusion France et étranger : Flammarion